中州古籍出版社

The Chinese civilization is the only one in the world that has kept evolving uninterruptedly.
The Heluo Civilization represents a microcosm of it.

He Luo Civilization
河洛文明

中州古籍出版社

图书在版编目（CIP）数据

河洛文明展 / 洛阳博物馆编. -- 郑州：中州古籍出版社，2012.6
ISBN 978-7-5348-3813-2

Ⅰ.①河… Ⅱ.①洛… Ⅲ.①文物-河南省-古代-图集 Ⅳ.①K872.612

中国版本图书馆CIP数据核字(2012)第060393号

责任编辑：王小方
责任校对：高西省 王军花
出版社：中州古籍出版社
（地址：郑州市经五路66号　邮政编码：450002）
发行单位：新华书店
承印单位：洛阳创彩印刷有限公司
开本：889mm×1194mm　　1/16　　**印张**：32.75
字数：100千字　　　　　　　　　**印数**：1-3000册
版次：2012年6月第1版　　　　　**印次**：2012年6月第1次印刷
书号：ISBN 978-7-5348-3813-2
定价：460.00元

本书如有印装质量问题，由承印厂负责调换。

河洛文明
He Luo Civilization

《河洛文明》编辑委员会

主　任
刘德胜

副主任
王木林　　余江宁　　余　杰　　王献本

委　员
王　绣　　王木林　　王献本　　王支援
王爱文　　王　阁　　史家珍　　刘德胜
孙小明　　吕九卿　　朱世伟　　朱　亮
李万厚　　李　虹　　李国强　　余江宁
余　杰　　祖继亮　　郭引强　　郭挺彩
徐金星　　桑永夫　　聂晓雨　　韩玉玲
曹岳森　　谢虎军　　蔡运章　　（以姓氏笔画为序）

《河洛文明》编辑成员

主　编
谢虎军

副主编
周加申　　高西省　　王建华

执行主编
谢虎军

执行副主编
高西省　　王军花

编　稿
谢虎军　　高西省　　王军花

翻　译
王军花　　王游美　　谢虎军

版式设计
孙永明　　李　岩　　石　越　　徐阳光

封面设计
才　予　　刘治勇

插　图
张　波　　赵星汉

摄　影
孙海岩　　陈金龙

目录
Contents

前言
Preface

史前时期
Pre-historic Period

旧石器时代..........................012

新石器时代..........................018

夏商周时期
Xia, Shang and Zhou Periods

夏朝时期..........................032

商朝时期..........................046

西周时期..........................056

东周时期..........................100

汉魏时期
Han and Wei Periods

东汉时期..........................156

魏晋时期..........................228

北魏时期..........................256

隋唐时期
Sui and Tang Periods

隋朝时期 314
唐朝时期 318

五代北宋时期
Five Dynasties and Northern Song Periods

五代时期 472
北宋时期 478

结束语
Conclusion

附录
Addendum

洛阳建都年表 522
历代帝王都洛表 523
中外历史年表 528

前 言

中华文明是世界上唯一没有中断的文明，河洛文明则是中华文明的缩影。

洛阳位居天下之中，"河山拱戴，形胜甲于天下"。河洛盆地，土地平膴，伊、洛、瀍、涧萦带其间，气候温润，四季分明。距今30多万年以前，先民已经开始在这块土地上筚路蓝缕，生息繁衍；距今1万年前后，河洛地区进入新石器时代，裴里岗文化、仰韶文化、龙山文化演化递进发展，古城、古国、酋邦、邦国由低级社会形态向高级社会形态积累发展。公元前21世纪，生活在这里的夏氏族，率先突破蒙昧的藩篱，实现了文明的跨越，建立了中国第一个王朝—夏朝。其后，殷商、西周、东周、东汉、曹魏、西晋、北魏、隋、唐、后梁、后唐、后晋相继在洛阳营都建国，历时1500多年。"永怀河洛间，煌煌祖宗业。"自东向西从偃师到涧河两岸不足30公里的范围内，依次坐落着商都西亳、夏都斟鄩、汉魏洛阳城、隋唐洛阳城、东周王城五大都城遗址，"五都荟洛"，气象鼎盛。邙山之上、伊河之滨，矗立着东周王陵、东汉皇陵、曹魏皇陵、西晋皇陵、北魏皇陵、唐恭陵等皇家陵园，形成了蔚为壮观的"东方金字塔"皇陵群。

河洛地区，历史悠久，人杰地灵，中国历史上许多重大事件在这里发生，许多杰出人物在这里生活，许多重大科技发明在这里产生，这里是中华民族多元一体文化的策源之地。"河图洛书"开启了中华文明智慧之门；周公制礼作乐，确立了中国宗法社会的最初原则；儒学、理学在这里创立；道教、佛教、祆教、摩尼教在这里碰撞、交融，留下了璀璨夺目的宗教文化遗产；张衡发明浑天仪、地动仪，蔡伦改进造纸术；横贯亚欧大陆的"丝绸之路"从这里开始，沟通南北的隋唐大运河从这里起航……一串串珠玑辉煌的成就映照着河洛历史的天空。

"若问古今兴废事，请君只看洛阳城。"从这里打开厚重、蕴藉的史册，聆听关于洛阳的"故事"。

Preface

The Chinese civilization is the only one in the world that has kept evolving uninterruptedly, and the Heluo Civilization represents a microcosm of it.

Located in central China, Luoyang is surrounded by mountains and rivers, which boasts splendid views and landscapes. The flat Heluo Basin, with Yi River, Luo River, Chan River and Jian River running through it, enjoys mild and moist climate and four distinct seasons. Our ancestors lived and worked here as early as over 300,000 years ago, entered the Neolithic Age about 10,000 years ago.Peiligang Culture,Yangshao Culture and Longshan Culture taken on a gradually development.In the 21st century BC, the Xia tribe living here established the first historic dynasty of China——the Xia Dynasty, marking a leap forward in civilization. For over 1,500 years since then, Shang, Western Zhou, Eastern Zhou, Cao Wei, Western Jin, Northern Wei, Sui, Tang, Later Liang, Later Tang and Later Jin had all made Luoyang as their capitals . Heluo (Yellow River and Luo River) have been known as the residence of many imperial empires and the must-seized stronghold of military powers. Within the 30 kms from Yanshi to Jian River there are scattered historical Sites of Xibo, the capital of Shang Dynasty, Zhenxun, the capital of Xia Dynasty, Luoyang, the capital of Han, Wei, Sui and Tang Dynasties, and the capital of Eastern Zhou Dynasty. On the Mang Mountain along the Luo River is located an impressive cluster of royal mausoleums known as Oriental Pyramids, including the Imperial Tombs of the Eastern Zhou Dynasty, the Royal Tombs of Eastern Han, Cao Wei, Western Jin, Northern Wei Dynasties and the Gongling Mausoleum of Li Hong of the Tang Dynasty.

Heluo region (along the Yellow River and the Luo River) has been the cradle of Chinese cultural pluralism, witnessing many events of historical significance, fostering a number of outstanding figures, and breeding a hoard of major scientific and technological discoveries. The magical diagrams of Hetu and Luoshu created here marked the beginning of Chinese civilization. It is the place where the Duke of Zhou established rituals and composed music, erect the initial rules of the patriarchal society of China, where Confucianism sprouted and Neo-Confucianism were born, where Taoism, Buddhism, Zoroastrianism, Manicheism and Nestorianism met and integrated with each other, leaving dazzling religious cultural legacy, where Zhang Heng invented the armillary sphere and the seismograph and Cai Lun innovated the paper-making technology. It is the starting point of the Silk road connecting Asia and Europe and the Grand Canal of the Sui and Tang Dynasties connecting the north and south China.

Luoyang witnessed the ups and downs of China. Here let us taste chapters of its history and recall the stories of the ancient city

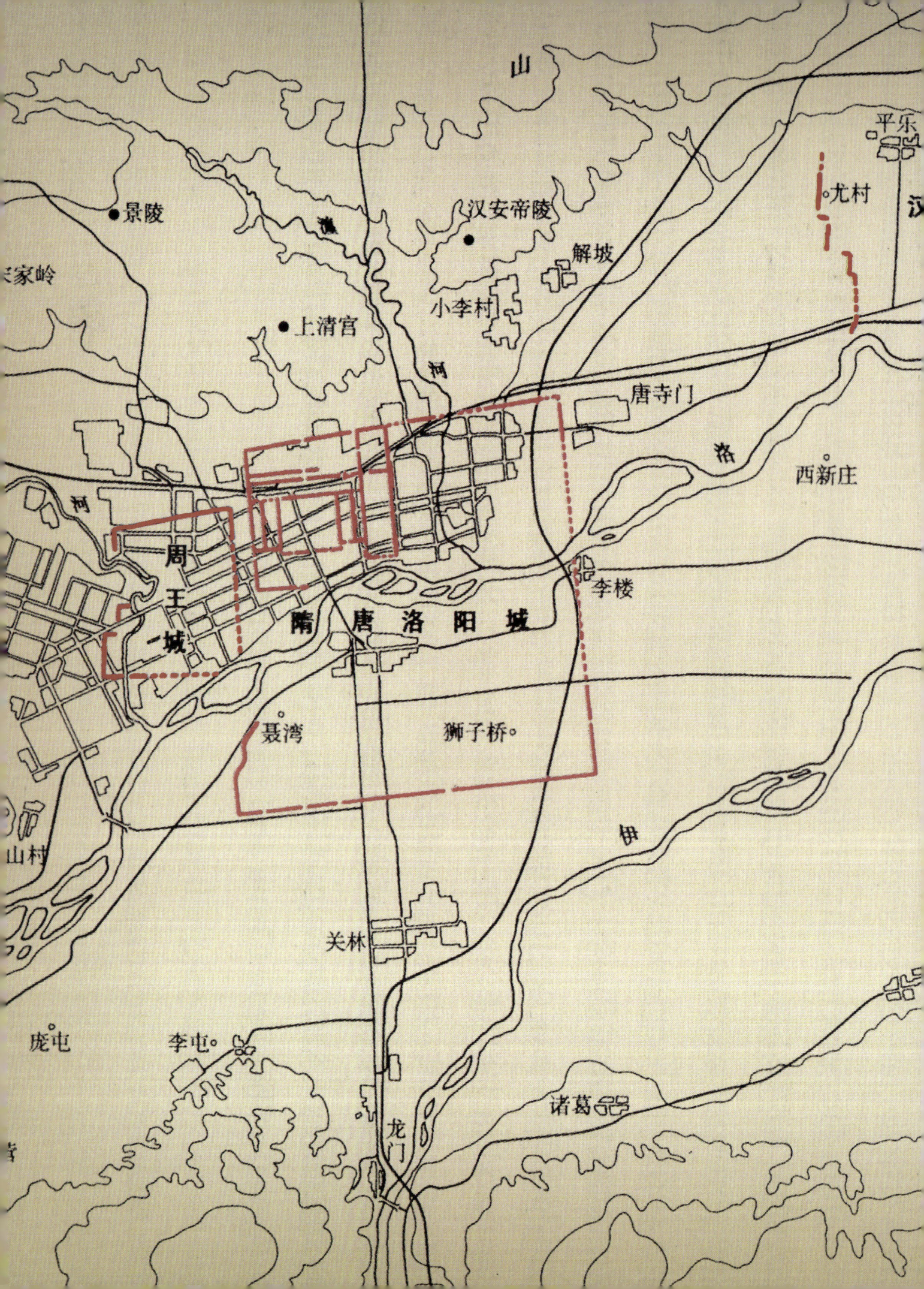

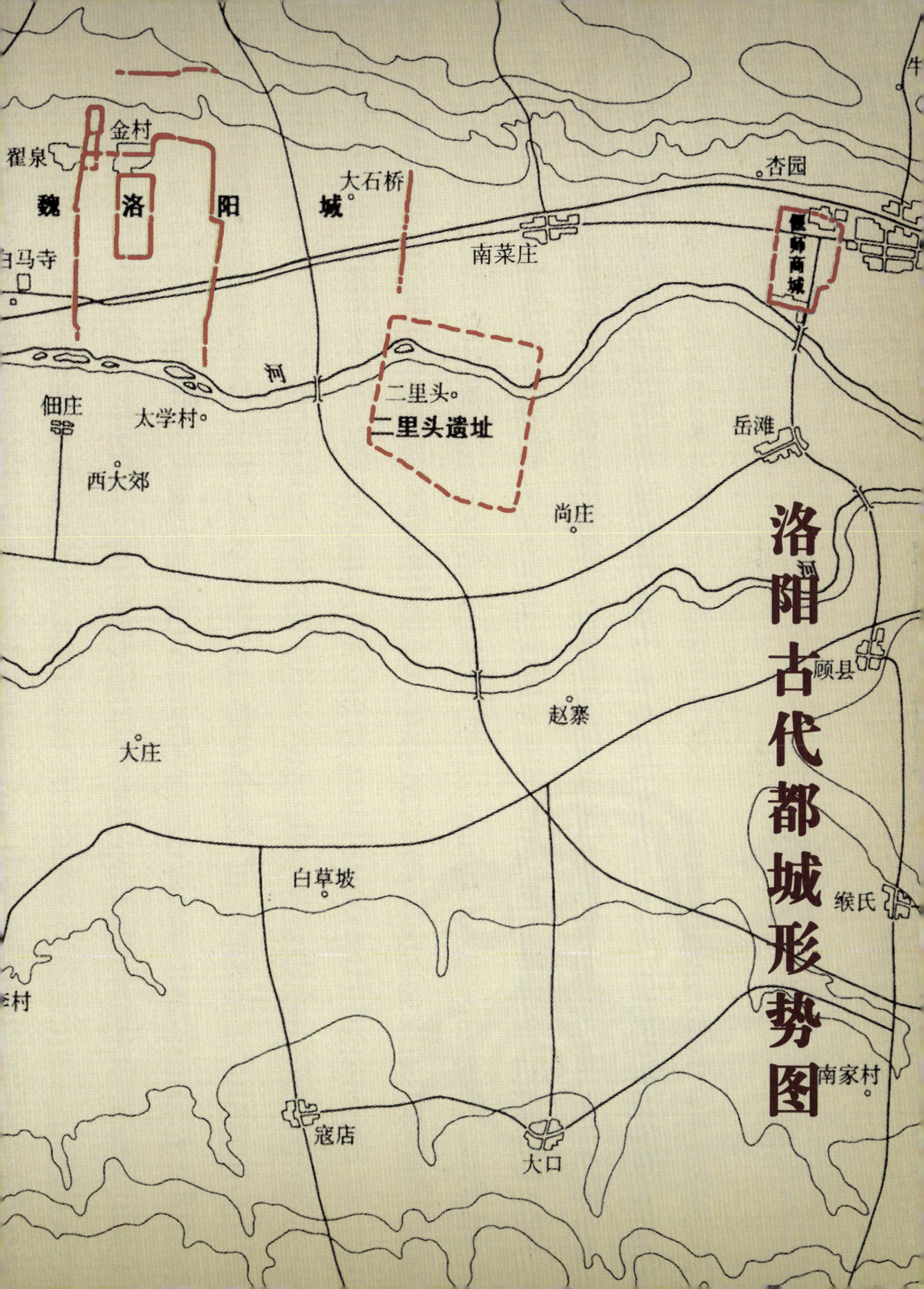

史前时期
Pre-historic Period

距今约30万年以前,洛阳先民已开始在这块土地上生息繁衍,人们以狩猎、采集为生。进入新石器时代后,原始农业、畜牧业和凿井技术出现,人们过上了定居生活并发明了陶器。孟津寨根、偃师高崖裴李岗文化遗址的发现表明,距今8000年前,洛阳地区已进入新石器时代。距今7000年至4000年前的仰韶文化、龙山文化时期,洛阳地区人口快速增长,农业、手工业发展迅速,聚落(村落,人们聚居的地方)星罗棋布,尤其是王湾聚落遗址的发掘为研究中原地区从仰韶文化到龙山文化的过渡提供了极为重要的资料,在中国新石器时代考古学领域占有重要地位。

河洛地区地处华夏腹地,新石器时代的邦国文化在这里相互碰撞、交流和融合,从而孕育了中国的文明时代。

Around 300,000 years ago, our ancestors lived on hunting and food collection in Luoyang. In the Neolithic Age, the primitive agriculture and livestock husbandry appeared, and people lived a settled life and invented pottery. The discovery of Zhaigen Cultural Site at Mengjin and Peiligang Cultural Site at Gaoya, Yanshi, reveal that Luoyang entered into the Neolithic Age about 8,000 years ago. During the periods of Yangshao Culture and Longshan Culture 4,000-7,000 years ago, Luoyang saw a fast growth of population, rapid development of agriculture and handicraft, and wide distribution of settlements (Villages where people gathered and lived). In particular, the excavation of Wangwan Settlement Site provides important materials for the study of the transition from Yangshao Culture to Longshan Culture in the Central Plains, and occupies an important position in Chinese archaeology of the Neolithic Age.

Heluo area is located in the heartland of China. Different cultures of the states met here, communicating and blending with each other during the Neolithic Age, and cultivated the civilization age of China.

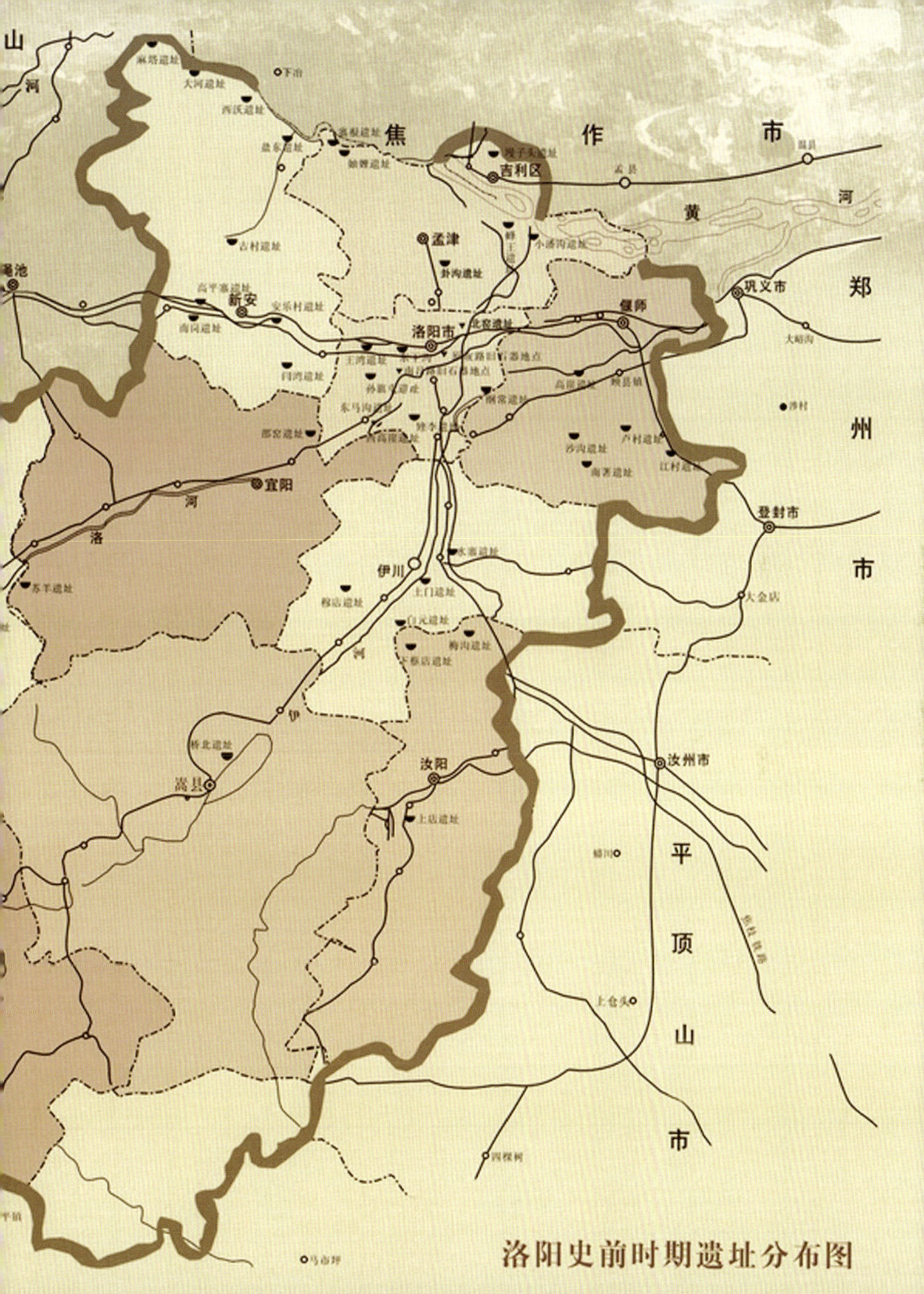

洛阳史前时期遗址分布图

旧石器时代

（距今约300万~1万年）

北窑发掘点

北窑遗址地形地貌图

　　北窑遗址位于洛阳市郊区北窑村。是一处距今2万~3万年的大型旧石器时期遗址。1996年发掘，面积达340平方米，发现火烧痕迹和部分动物化石，出土石器650余件。这一对中原地区旧石器时代遗址进行的首次科学发掘，填补了洛阳旧石器时代考古的一项空白。

北窑发掘点

旧石器时代

　　旧石器时代是指从人类起源至农业出现这一漫长的时代，是原始人用勤劳的双手和最原始、最简单的工具利用自然并同大自然顽强搏斗的时代。它以使用打制石器为重要标志，以渔猎和采集为主要生存手段。这一时期的后段发明了骨器磨光技术和骨、石器钻孔技术，学会了控制用火的技巧。

　　20世纪中叶以来，在洛阳凯旋路、北窑、伊川檍店、栾川等地发现了数十处旧石器时代人类活动的地点，出土了大量打制石器，发现了树木化石，诺氏古菱齿象、梅氏犀化石等，表明在5万年前河洛大地的气候相当温暖湿润，已是人类生存活动的理想场所。尤其是北窑旧石器时代聚落遗址的发现与研究为我国南、北方旧石器文化的交融提供了重要的实物资料。

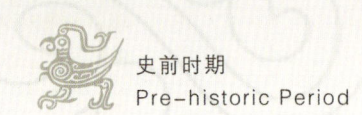

史前时期
Pre-historic Period

海龟化石

旧石器时代（距今约5万~3万年）
洛阳新安磁涧小王沟出土
Terrapin fossil
Palaeolithic age (c. 50000 ~ 30000 years ago)
Excavated from Xiaowanggou Village, Cijian Township, Xin'an County, Luoyang

　　头部仅存骨骼，龟壳花纹清晰。海龟属亚热带生物，洛阳发现旧石器时代海龟化石，表明在数万年前洛阳地区具有亚热带气候特征。

石砍砸器

旧石器时代（距今约 10 万～3 万年）
1996 年洛阳市郊瀍河北窑遗址出土
Stone choppers
Palaeolithic age (c. 100000～30000 years ago)
Excavated from Beiyao Site, Luoyang, 1996

  体形敦厚，有钝厚曲折的刃口，形状不规则，有人为加工的痕迹。包括砍砸器、尖状器、刮削器等石制生产工具。该遗址还发现了不少动物化石和人类用火痕迹，它们的发现证明了至少在距今 10 万年前后洛阳已经有人类活动的历史。

史前时期
Pre-historic Period

古菱齿象化石

旧石器时代（距今约 200 万～1 万年）
1994 年洛阳南昌路中亚大饭店工地出土
复原长 5.7 米　高 2.8 米
Palaeoloxodon naumanni fossil
Palaeolithic age (c. 2000000～10000 years ago)
Excavated from Zhongya Hotel, Nanchang Road, Luoyang, 1994
Restored Length:5.7m　Restored Height:2.8m

　　古菱齿象躯体庞大，两根门齿粗壮，生活在更新世晚期的早期阶段。一般认为古菱齿象是现代非洲象的祖先。古菱齿象生活的时代正处于地质上的冰川时期。这种象化石在我国东部地区及日本多有发现。

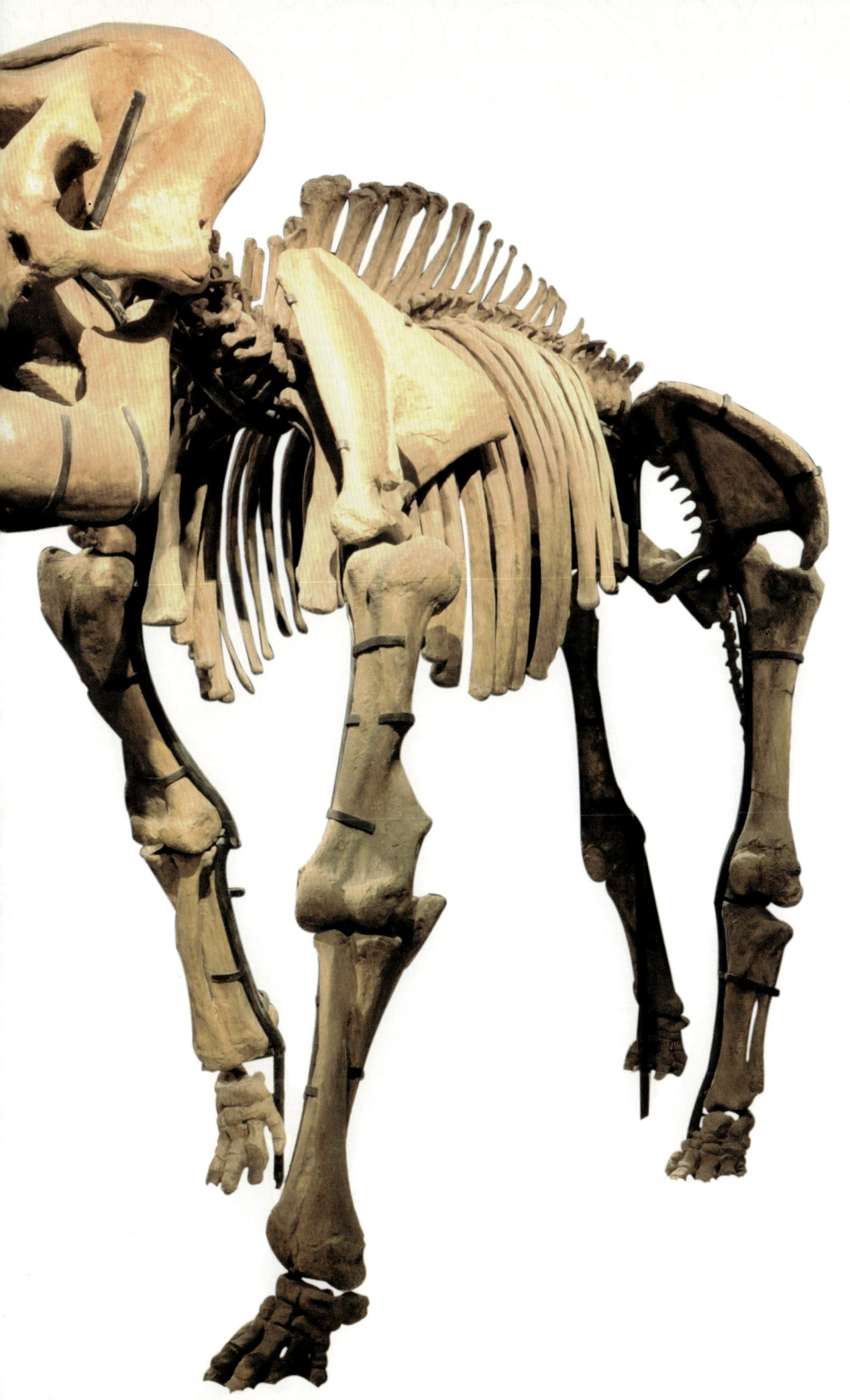

旧石器时代 · 文物精粹

新石器时代

(距今一万年~公元前21世纪)

新石器时代

新石器时代是指人类广泛使用磨光石器为标志,农业、畜牧业出现,人类进入定居生活阶段的时代。是原始社会氏族公社制由全盛到衰落的一个历史阶段。这一时期出现了原始农业,采集渔猎经济退居次要地位,人类告别洞穴,过上了定居生活。陶器的发明和广泛使用及凿井技术的发明是这一时期人类取得的重要成就。洛阳新石器时代聚落遗址主要分布在河、洛、伊、瀍、涧五水的两岸,著名的王湾遗址、妯娌遗址即分布在这一区域。

新石器时代是孕育氏族社会分层、财富集中、私权兴起、邦国竞争的时期。今天的大江南北、长城内外,新石器文化遍地开花,中华大地逐渐形成了"多元并进,河洛领先"的文明起源格局,河洛地区中国早期文明的象征"河图"、"洛书"的出现预示着华夏文明曙光的到来。

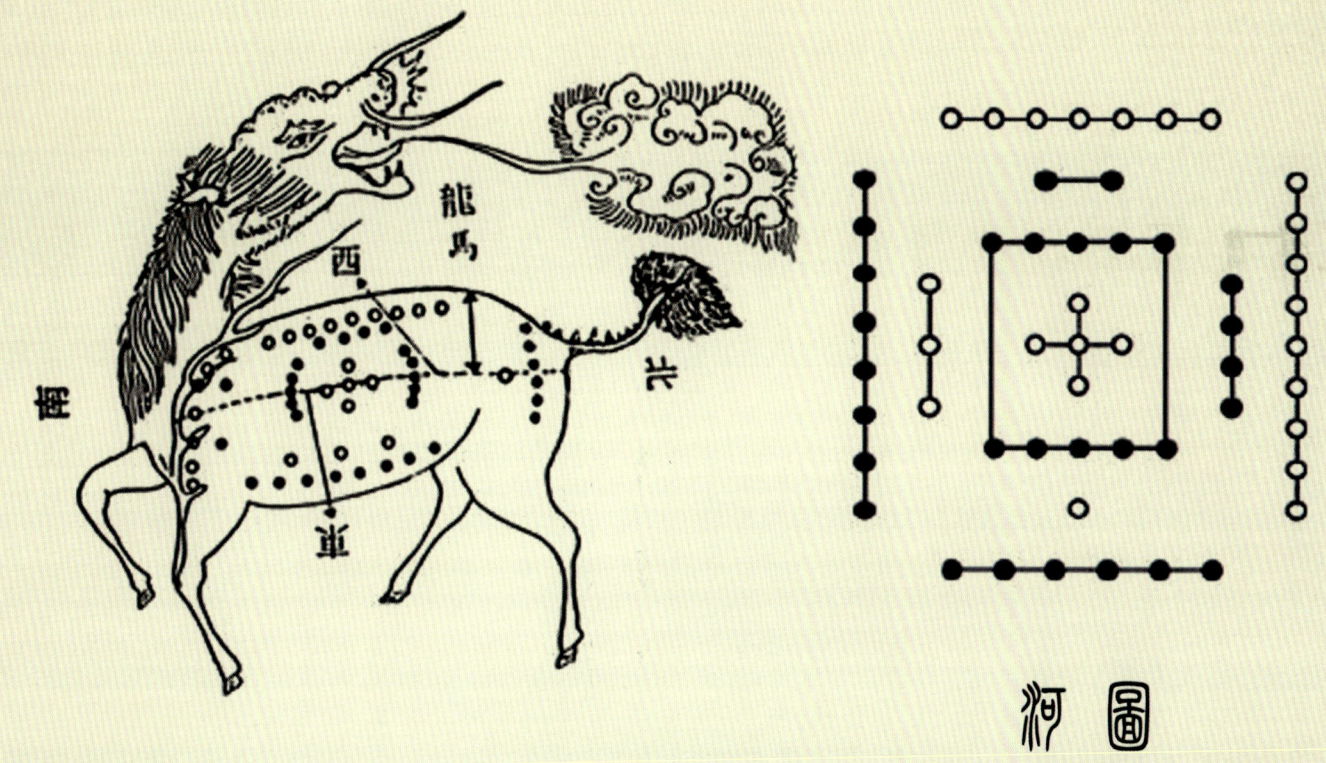

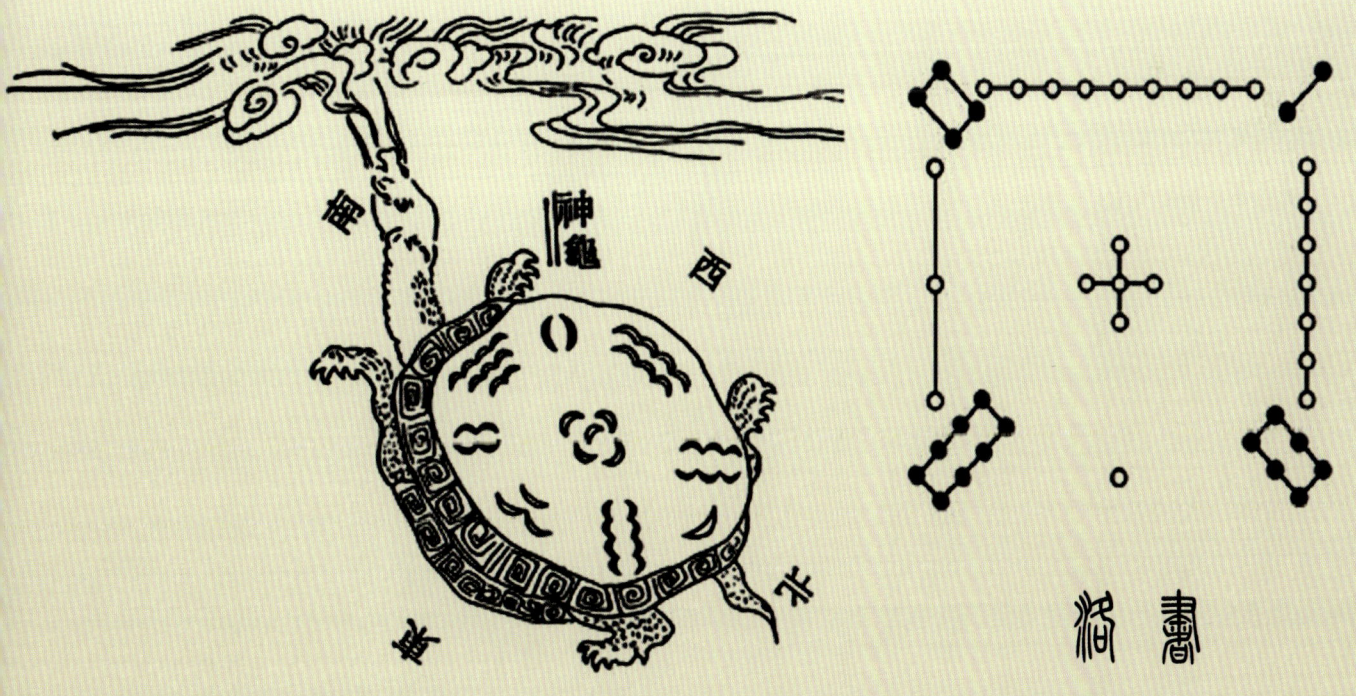

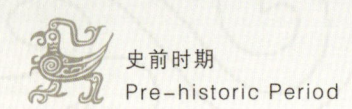

史前时期
Pre-historic Period

石磨盘、石磨棒

裴李岗文化（距今约 7000 ～ 6000 年）
1996 年洛阳孟津寨根遗址出土
盘长 50 厘米　盘宽 17.5 厘米
Stone saddle-quern, Stone roller
Peiligang Culture (c. 7000 ～ 6000 years ago)
Excavated from Zhaigen Site, Mengjin County, Luoyang, 1996
Stone saddle-quern Length:50cm   Stone saddle-quern Width:17.5cm

　　磨盘、磨棒一组。磨盘平面略呈长方形，前端稍薄，后端较厚，边缘略加修饰，底平整，整体磨光，器体厚重，造型简单而实用；磨棒为圆柱形卵石。石磨盘、石磨棒是人类使用最早、延续时间较长、流传范围较广的研碾粮食的工具。

石斧、石刀等

仰韶文化（距今约 7000～5000 年）
1996 年洛阳孟津妯娌遗址出土
Stone axes and knives
Yangshao Culture (c. 7000～5000 years ago)
Excavated from Zhouli Site, Mengjin County, Luoyang, 1996

　　石斧上厚下薄，下端有弧形刃；石刀为长条形，一边有刃；石凿一面有锋利的刃；石球由自然石略经加工而成。均通体磨光。

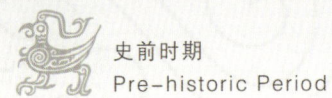
史前时期
Pre-historic Period

彩绘网格纹红陶罐

仰韶文化（距今约 7000～5000 年）
1978 年洛阳伊川土门遗址出土
高 12 厘米　口径 14.3 厘米
Painted pottery jar with grid motifs
Yangshao Culture (c. 7000～5000 years ago)
Excavated from Tumen Site, Yichuan County, Luoyang, 1978
Height:12cm Mouth:14.3cm

　　泥质红陶。敞口，束颈，鼓腹，高圈足。腹部饰几何、网格纹。该器造型精美，做工细致，为仰韶文化实用器。

彩陶盆

仰韶文化（距今约 7000～5000 年）
2004 年洛阳伊川大庄村出土
残高 20 厘米　口径 28 厘米
Painted pottery basin
Yangshao Culture (c. 7000～5000 years ago)
Excavated from Dazhuang Village, Yichuan County, Luoyang, 2004
Rudimental Height:20cm　Mouth:28cm

　　泥质红陶。敛口，束颈，鼓腹。器表施白色陶衣，口沿下饰弦纹、竖条纹，腹部以弧线、圆点绘黑、红二彩。主题纹饰为弧线圆点纹和弧线三角纹。纹饰简洁疏朗，自由奔放。

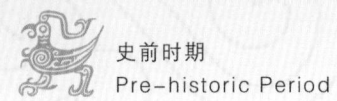

史前时期
Pre-historic Period

黑陶镂空高柄豆

龙山文化（距今约 5000～4500 年）
1959 年洛阳涧西区王湾遗址出土
高 31.8 厘米　盘径 28 厘米
Black pottery Dou with openwork pattern of high stem
Longshan Culture (c. 5000～4500 years ago)
Excavated from Wangwan Site, Luoyang, 1959
Height:31.8cm Plate Diameter:28cm

　　泥质黑陶。通体磨光。盘敞口，深腹，圜底，柄作喇叭状，上下有三列圆形镂孔，每列四个。反映了远古时期席地而坐的生活习俗。

陶带流盆

龙山文化(距今约 5000～4500 年)
1997 年洛阳新安盐东村西盐东遗址出土
高 18.4 厘米　口径 35.5 厘米
Pottery basin with spout
Longshan Culture (c. 5000～4500 years ago)
Excavated from Yandong Site, Yandong Village, Xin'an County, Luoyang, 1997
Height:18.4cm　Mouth:35.5cm

　　夹砂灰陶。敛口，弧腹下收，小平底，沿下一侧有流，腹部两侧各有一鸡冠状錾，通体素面，造型独特。

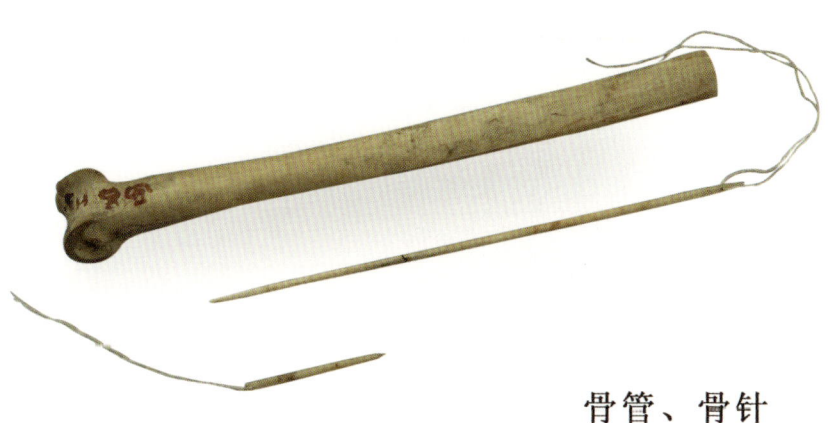

骨管、骨针

龙山文化(距今约 5000～4500 年)
洛阳市郊区出土
骨管长 14 厘米　骨针长 11.4 厘米
Bone pipe, Bone needle
Longshan Culture (c. 5000～4500 years ago)
Excavated from Suburb Luoyang
Pipe Length:14cm　Needle Length:11.4cm

　　骨管由鸡大腿骨制成，中空；骨针针尖锋利，有针孔。皆为白色。骨针是缝制衣服的用具，制作精细光滑。针尖锋利，针孔圆小。骨针出土时装在骨管中。

史前时期
Pre-historic Period

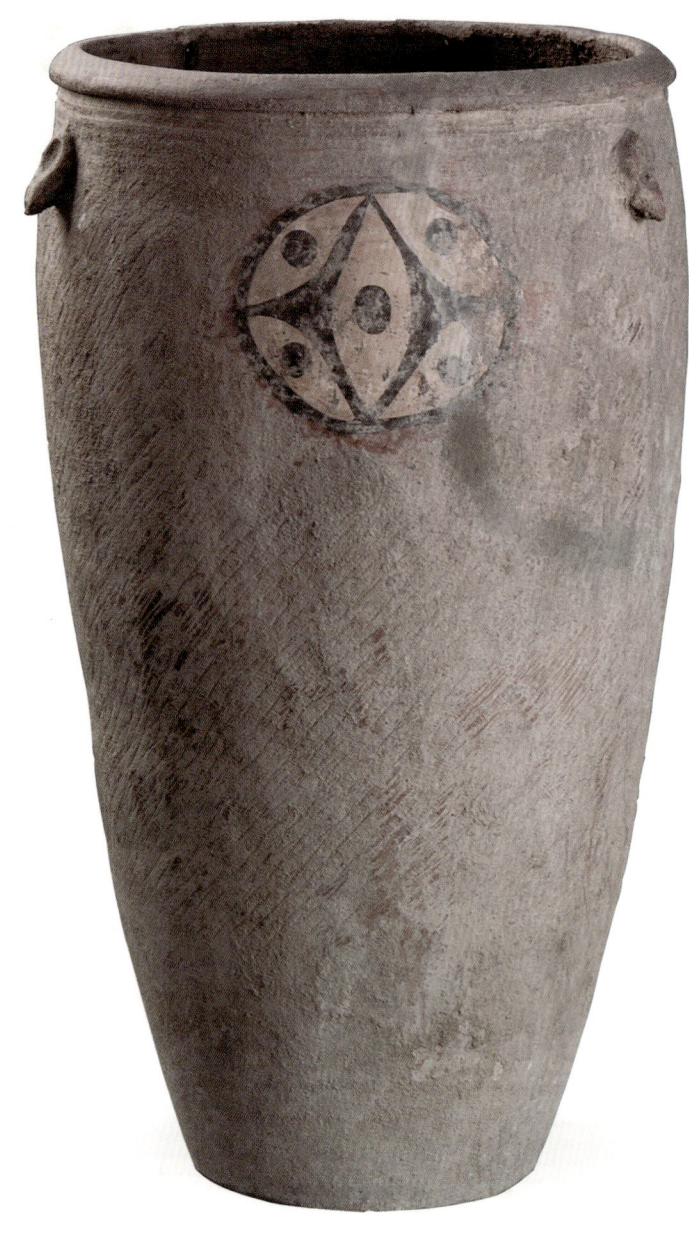

彩陶缸

仰韶文化（距今约 7000～5000 年）
1959 年洛阳伊川土门遗址出土
高 50 厘米　口径 28 厘米

Painted pottery urn
Yangshao Culture (c. 7000～5000 years ago)
Excavated from Tumen Site, Yichuan County, Luoyang, 1959
Height:50cm　Mouth:28cm

　　夹砂红陶。敞口微敛，圆唇，深直腹下收，平底。底有一小孔。口沿下部有三道凹弦纹，弦纹下部有三个对称的泥突，下饰斜划纹，在上腹部有三组弧线三角纹及圆点绘制组成的纹样。造型精美，做工细致，该器型因最早在伊川土门遗址大量出现又称为"伊川缸"。

彩陶罐

仰韶文化（距今约 7000～5000 年）
1959 年洛阳偃师灰嘴遗址出土
高 18 厘米　口径 17.5 厘米
Painted pottery jar
Yangshao Culture (c. 7000～5000 years ago)
Excavated from Huizui Site, Yanshi, Luoyang, 1959
Height:18cm　Mouth:17.5cm

  泥质红陶。侈口，折沿，扁唇，束颈，深鼓腹下收，小平底。器身饰红褐色彩绘，颈下部为网状纹，以下数道弦纹和草叶纹。在距今五六千年的仰韶遗址中发现如此完整的器物，实为罕见。彩陶罐造型别致，既是当时实用的生活器具，也是一件制作精美的原始工艺品。

陶火种器

仰韶文化（距今约 7000～5000 年）
1996 年洛阳孟津煤窑乡寨根村出土
高 11.3 厘米
Pottery fire keeping vessel
Yangshao Culture (c. 7000～5000 years ago)
Excavated from Zhaigen Village, Mengjin County, Luoyang, 1996
Height:11.3cm

  夹砂红陶。器体亚腰筒形。小口，圆唇，斜肩，折沿，束腰，底不平；腹中部偏上处有两个对称圆孔，底部中心有一个圆孔，三个圆孔的孔径均为 2 厘米；器表装饰竖绳纹。是古人用来贮存火种的火种器。造型别致，为目前我国史前考古首见。

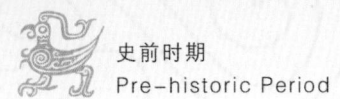

史前时期
Pre-historic Period

小口尖底陶瓶

仰韶文化(距今约 7000 ～ 5000 年)
1959 年洛阳涧西区王湾遗址出土
高 69.5 厘米　口径 5 厘米
Small-mouthed bottle with pointed bottom
Yangshao Culture (c. 7000 ～ 5000 years ago)
Excavated from Wangwan Site, Luoyang, 1959
Height:69.5cm　Mouth:5cm

　　红胎体,小敛口,短细颈,溜肩,圆筒形长腹,尖底,颈部以下通体饰斜绳纹,腹部两侧有双环可系绳索。尖底瓶是仰韶文化中的汲水器和葬具。

陶豆型器

龙山文化（距今约 5000～4500 年）
1996 年洛阳孟津煤窑乡妯娌遗址出土
高 24.6 厘米　口径 19.6 厘米
Pottery Dou vessel
Longshan Culture (c. 5000～4500 years ago)
Excavated from Zhouli Site, Meiyao Township, Mengjin County, Luoyang, 1996
Height:24.6cm　Mouth:19.6cm

泥质褐陶。素面磨光，敞口，折腹，下腹为平底。

夏商周时期
Xia, Shang and Zhou Periods

"昔三代之居,皆在河洛之间。"公元前21世纪,中国第一个王权—夏在河洛地区建立,中国历史进入了建立在青铜文化基础上的王国时期,继之而起的商和西周均曾以洛阳为都城,洛阳作为三代更替的中心,在中国文明的早期发展史上占有举足轻重的地位,是最早的"中国"。

夏商周三代是中国青铜文明的鼎盛期,在世界文明史上独树一帜。这一时期王位继承制由氏族成员民主推举的"禅让制"转变为王族内部世袭的"兄终弟及制"和"嫡长子继承制"。西周时期,贵族社会形成了等级森严的礼乐制度。两周之际是中国思想史上的"黄金时代"。社会思想开始从早期的神鬼思想的束缚中解脱出来,出现了老子、孔子、墨子、韩非子等一大批杰出的思想家,形成了道家、儒家、墨家、法家等诸子百家争鸣的局面。其中,儒家学说成为汉以后维系中国达两千年之久的正统思想。洛阳作为两周的王都,是各种思想激荡的中心。

考古发现表明,河洛地区分布着夏都斟鄩、商都西亳、西周成周城、东周王城、东周成周城五座都城遗址,这一地区出土了中国最早的青铜礼器及原始青瓷器,为日后中国瓷器成为世界科技、工艺、文化史上的奇葩奠定了基础。

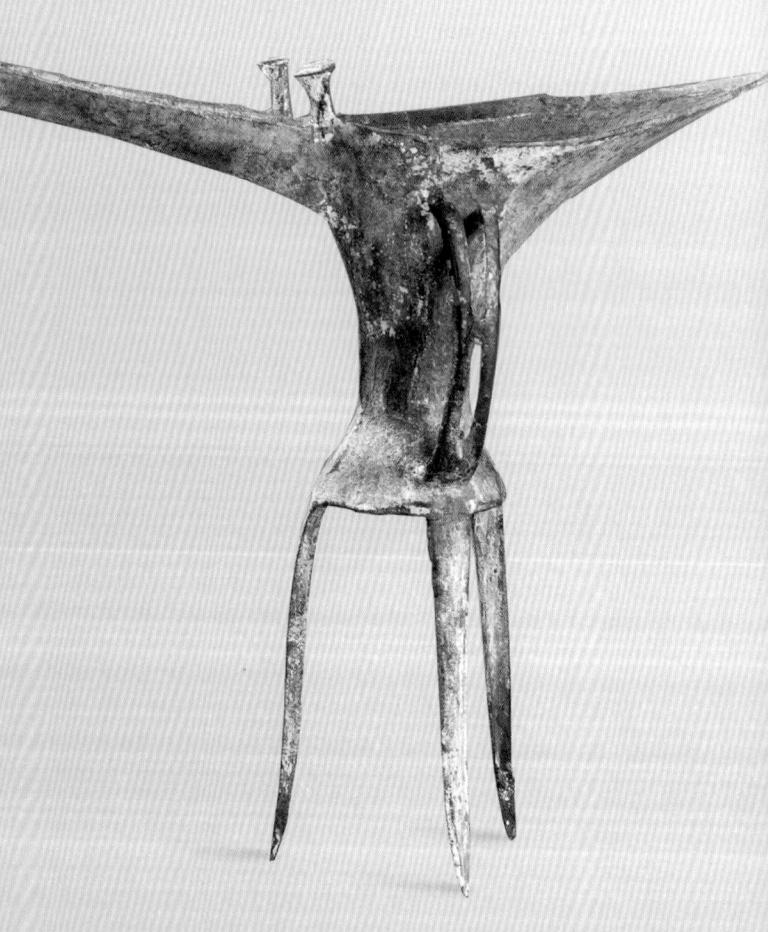

In the 21st Century BC, Xia Dynasty, the first dynasty in China to be described in ancient historical chronicles, was founded, which marked that China entered into the period of dynasty based on advanced bronze culture. The following Shang and Western Zhou dynasties also made Luoyang the capital. As a center witnessing the change of the three dynasties, Luoyang was of great importance in the early development history of Chinese civilization.

Chinese bronze civilization reached its heyday during the Xia, Shang and Zhou dynasties, and is a distinctive period in the world civilization history. In this period, the system of the successor to the throne was transferred from abdication and democratic election by clan members to brother inheriting system within the family, and the system of primogeniture was finally established. In the Western Zhou Dynasty, the strict hierarchical ritual system was formed in the aristocratic society. At the turn of the Western Zhou and Eastern Zhou dynasties, the ideology of people began to shake off the shackles in the Xia, Shang and Western Zhou periods, and various schools of thought co-existed and vied with each other. Among them, Confucianism was the most influential, and was regarded as the orthodox ideology in the following 2,000 years after the Han Dynasty.

Archaeological discovery reveals that there are five capital Sites in Heluo area, namely, Zhenxun (capital of Xia), Xibo (capital of Shang), Chengzhou of the Western Zhou Dynasty, the imperial city and Chengzhou of the Eastern Zhou Dynasty. Typical bronze ritual vessels and the earliest proto-celadon ware have been unearthed, laying a foundation for Chinese porcelain to be a wonderful part in the world history of technology, handicraft and culture.

夏朝时期

（公元前2070~前1600年）

夏朝时期

夏族是活动于豫西嵩山周围和晋南地区的古老部族。约公元前21世纪，相传大禹治水成功，被推选为部落联盟的首领，禹死后其子启继承了王位，建立了中国历史上第一个王朝—夏。中国结束了邦国林立的部落联盟时代，进入统一的王国时期，以河洛地区为中心的王朝历史格局正式形成。

史书记载，大禹都阳城（今登封王城岗遗址），太康、仲康、少康、孔甲、帝桀诸王皆都斟鄩（今偃师二里头遗址）。在偃师二里头遗址，发现宫城、大型祭祀遗址和宫殿建筑群等都城建筑遗迹，出土了大量精美的青铜礼器、镶嵌绿松石器和玉礼器以及丰富的陶文符号，这表明河洛地区在夏王朝时期已经步入了高度发达的文明时代。

二里头遗址平面图

二里头遗址，位于洛阳盆地的东部、偃师市区西南约9公里的二里头村南和四角楼、圪垱头之间的高地上。于1959年发现。北依邙山，南望嵩岳，南临伊洛，后据黄河，总面积约3平方公里。二里头遗址拥有迄今所知我国最早的宫城和宫室建筑群、最早的青铜礼器群和最早的青铜冶铸作坊。它是当时中国乃至东亚地区最大的聚落、迄今为止可确认的中国最早的王国都城遗址，因而被誉之为"华夏第一王都"。其规划严谨，布局规整，开中国古代都城规划之先河。

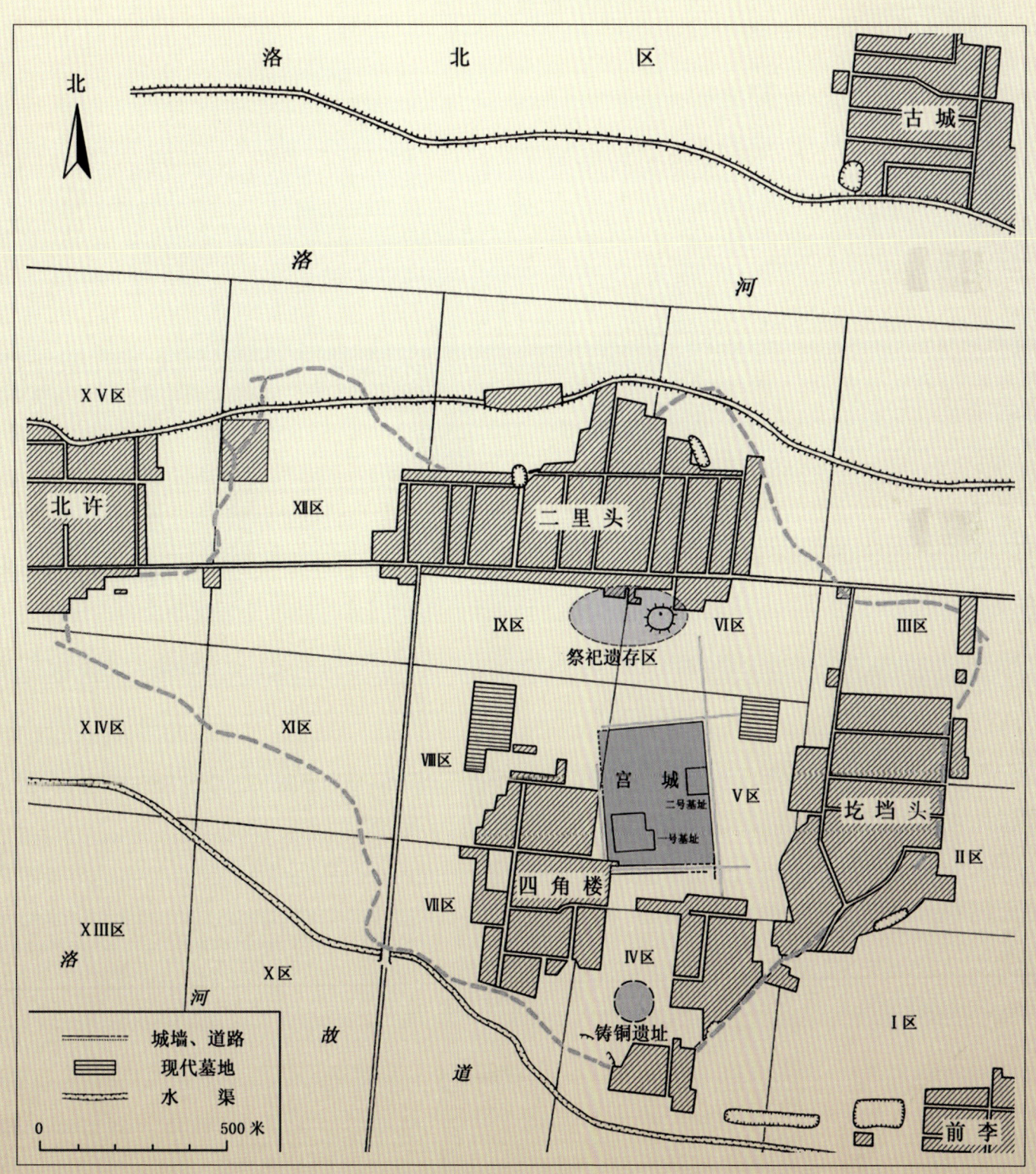

夏商周时期
Xia, Shang and Zhou Periods

陶鼎

夏代（公元前 2070～前 1600 年）
洛阳偃师二里头遗址出土
高 40.4 厘米　口径 31 厘米
Pottery Ding
Xia Dynasty (2070～1600BC)
Excavated from Erlitou Site, Yanshi, Luoyang
Height:40.4cm Mouth:31cm

　　夹砂灰陶。敛口，鼓腹，圜底，三个刀形扁足，足的外沿，通上至下有一行指捏纹。通体饰绳纹，绕器体有六道堆纹。此鼎造型古朴，附加堆纹，为二里头文化的典型器物。

白陶盉

夏代（公元前 2070～前 1600 年）
洛阳偃师二里头遗址出土
通高 24.2 厘米
White pottery He
Xia Dynasty (2070～1600BC)
Excavated from Erlitou Site, Yanshi, Luoyang
Height in all:24.2cm

　　夹砂白陶。圆口，口前部带管状流，腹部有宽条状鋬，三乳状袋足。质地洁白素净，造型优美。

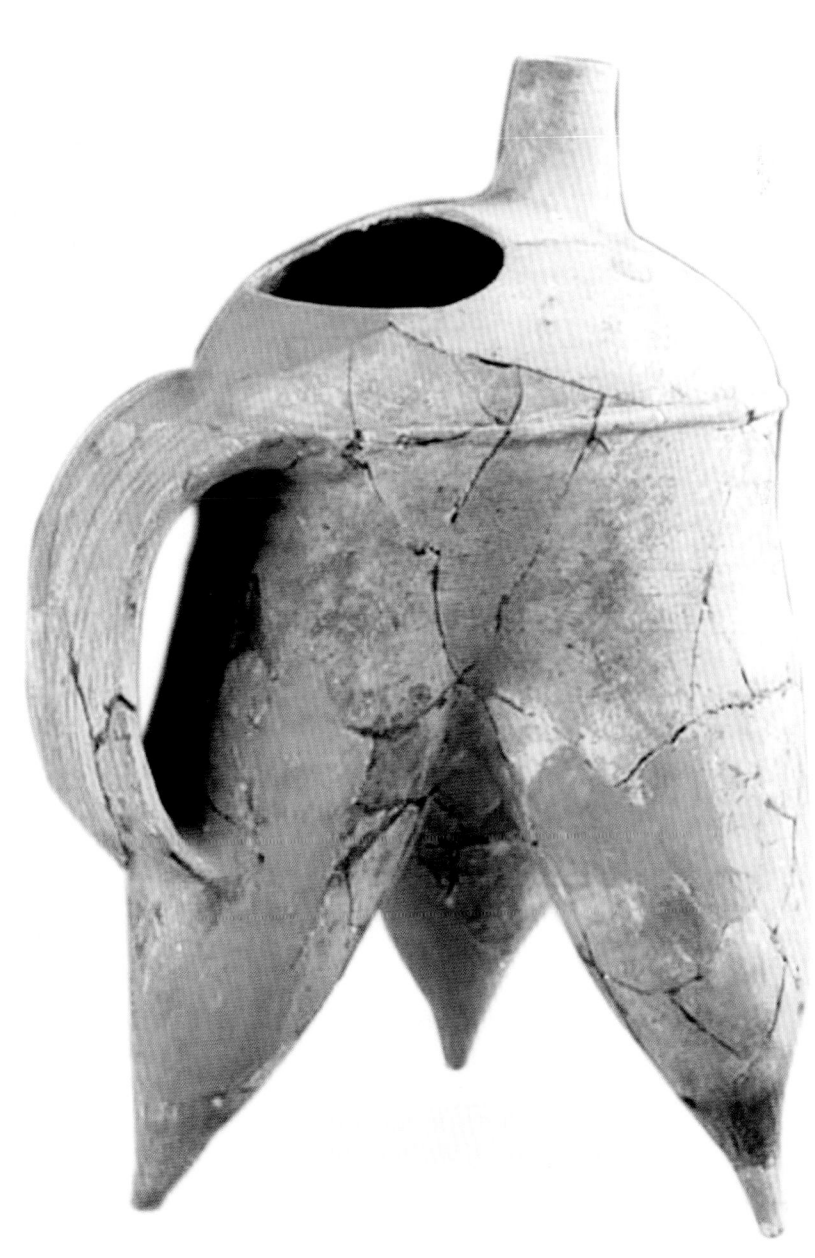

夏商周时期
Xia, Shang and Zhou Periods

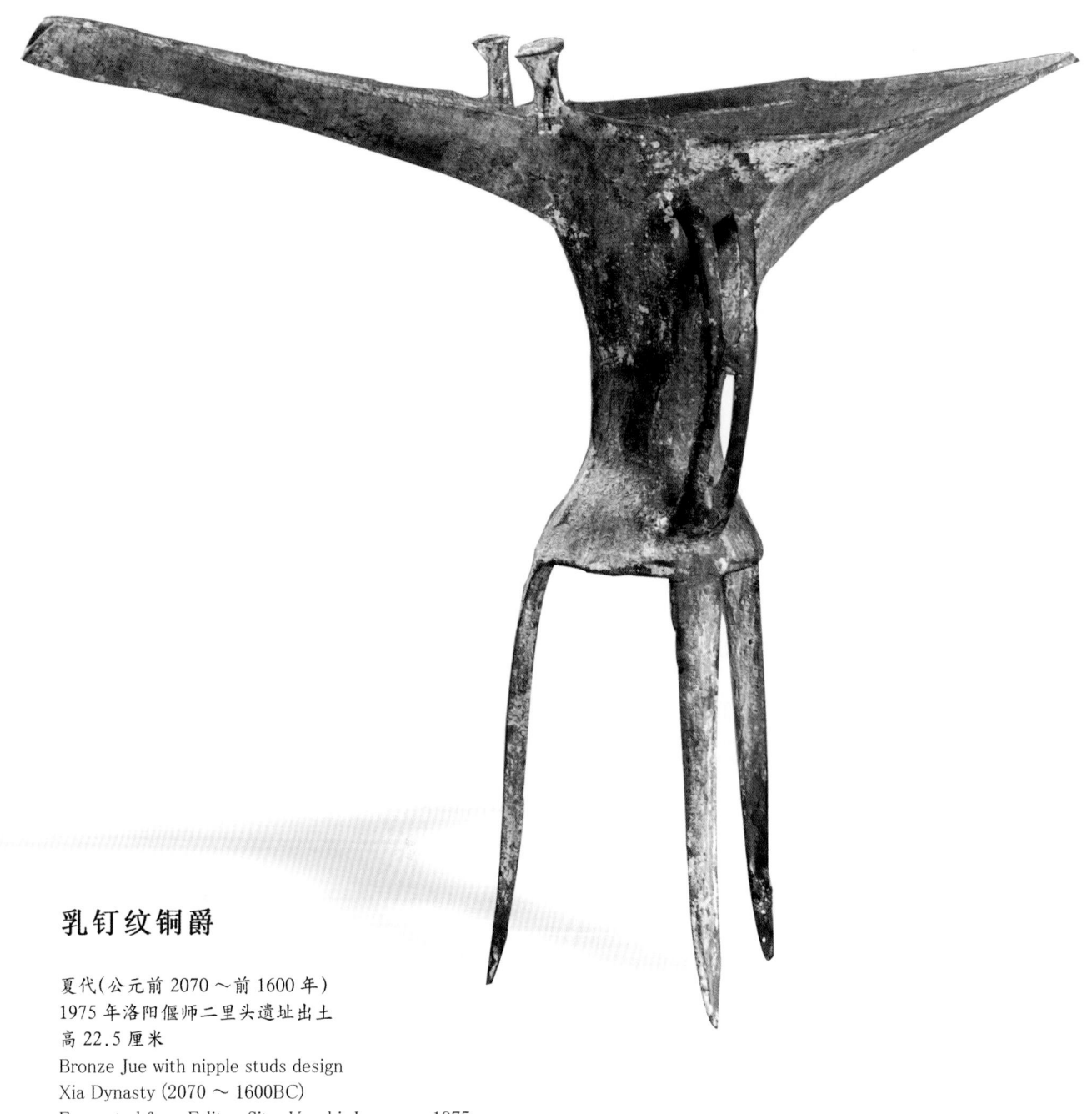

乳钉纹铜爵

夏代（公元前 2070～前 1600 年）
1975 年洛阳偃师二里头遗址出土
高 22.5 厘米
Bronze Jue with nipple studs design
Xia Dynasty (2070～1600BC)
Excavated from Erlitou Site, Yanshi, Luoyang, 1975
Height:22.5cm

　　长流尖尾，圆腹，束腰，平底，三足细长外撇，腹部一侧有半环形鋬，流近口处有菌状短柱两个，腹部的一面有两道宽 1.2 厘米的凸线，两线间横刻装饰五个乳钉。乳钉纹铜爵在二里头遗址出土的众多青铜器中形体小巧，无复杂纹饰，是中国已发现的最早的、最精美的青铜容器，堪称稀世珍宝。

方格纹铜鼎

夏代（公元前 2070～前 1600 年）
1978 年洛阳偃师二里头遗址出土
通高 20 厘米
Bronze Ding with trellis design
Xia Dynasty (2070～1600BC)
Excavated from Erlitou Site, Yanshi, Luoyang, 1978
Height in all:20cm

  敛口，折沿尖唇，垂腹下收，平底，有三个空心四棱锥状足，沿上有两个环状小耳，鼎腹上饰有不规整的阳线方格纹。此青铜鼎是已发现的最早的，且有明确出土地点的铜鼎。

夏商周时期
Xia, Shang and Zhou Periods

镶嵌绿松石铜牌饰

夏代（公元前 2070～前 1600 年）
1984 年洛阳偃师二里头遗址出土
高 16.5 厘米　宽 8～12 厘米
Bronze plaque inlaid with turquoises
Xia Dynasty (2070～1600BC)
Excavated from Erlitou Site, Yanshi, Luoyang, 1984
Height:16.5cm　Width:8～12cm

　　盾牌形，面微凸起。正面以长方形绿松石片规整地镶嵌成兽面纹。铜牌两侧上下有相互对应的四个半圆形穿孔，可系绳。该铜牌制作考究，在背面没有任何依托的情况下由几百块绿松石镶嵌而成，历经 3000 年未松动一块，显见其镶嵌工艺技术之高超，是极罕见的艺术珍品，更是我国已发现最早、也是最精美的镶嵌铜器。它的发现标志着在夏代，我国已经有了比较成熟的镶嵌技术。

嵌粘绿松石龙形器

夏代（公元前 2070～前 1600 年）
2002 年洛阳偃师二里头遗址贵族墓出土
长 64.5 厘米
Turquoise dragon inlaid with turquoises
Xia Dynasty (2070～1600BC)
Excavated from Erlitou Site, Yanshi, Luoyang, 2002
Length:64.5cm

全器由 2000 余片各种形状的绿松石片嵌粘在有机纤维上。绿松石龙形器出土时放置于墓主人骨架之上，龙身略呈卷曲状，中部起脊。巨头、卷尾、凸目、尖鼻梁，腹两侧有卷云纹。龙首形象为"臣"字形，是商周青铜器非常流行的兽面纹样的早期形象。是目前为止所见形象最为生动、器型最大的绿松石龙形器，可称为中国第一龙。该龙及相关的发现被评为 2004 年度"全国十大考古发现"之一。

夏商周时期
Xia, Shang and Zhou Periods

七孔玉刀

夏代（公元前 2070～前 1600 年）
1975 年洛阳偃师二里头遗址出土
长 65 厘米
Jade knife with seven holes
Xia Dynasty (2070～1600BC)
Excavated from Erlitou Site, Yanshi, Luoyang, 1975
Length:65cm

  青玉质。玉刀呈梯形，上窄下宽，通体磨光，背上横排七个圆孔，两侧饰有对称的齿形六个，两端第一与第二孔间刻有菱形几何纹，七孔之左、右、下方刻有双线纹。玉刀为夏朝高级贵族朝聘所用礼器，质地细腻，通体磨光，为研究夏代的制玉工艺提供了珍贵的实物资料。

弦纹黑陶豆

夏代(公元前 2070～前 1600 年)
洛阳偃师采集
高 25 厘米
Black pottery Dou with bow string pattern
Xia Dynasty (2070～1600BC)
Collected from Yanshi, Luoyang
Height:25cm

　　泥质黑陶。通体磨光。器型由两部分组成，上部是盘，下部是呈喇叭状的圈足。豆盘深腹，平底盆式，侈口宽沿，盘身、柱、座各有凸弦纹。整个器型轮廓线曲折多变。

夏商周时期
Xia, Shang and Zhou Periods

玉钺

夏代（公元前 2070～前 1600 年）
1965 年洛阳偃师二里头遗址出土
高 14.3 厘米
Jade Yue
Xia Dynasty (2070～1600BC)
Excavated from Erlitou Site, Yanshi, Luoyang, 1965
Height:14.3cm

　　近正方形，上中部有一穿孔，两侧各有六个扉棱，刃部作连弧形，通体光滑。钺最初是一种兵器，玉钺是古代贵族举行朝聘、祭祀和丧葬时所用的礼器。

玉璋

夏代（公元前 2070～前 1600 年）
洛阳偃师二里头遗址出土
长 48 厘米
Jade Zhang
Xia Dynasty (2070～1600BC)
Excavated from Erlitou Site, Yanshi, Luoyang
Length:48cm

　　玉质呈乳白色，通体磨光呈长方形，首与阑部较宽，中部稍窄，首部顶端作斜锐角形内弧，成双夹。阑上刻有细直纹。后部两阑间有扉牙，柄部较窄，中上部有一小孔，器身光滑，质地细腻，堪称艺术珍品。玉璋为我国古代贵族举行朝聘、祭祀和丧葬时所用的礼器。

夏商周时期
Xia, Shang and Zhou Periods

微雕绿松石兽

夏代（公元前 2070～前 1600 年）
1975 年洛阳偃师出土
高 0.5 厘米
Turquoise animal
Xia Dynasty (2070～1600BC)
Excavated from Yanshi, Luoyang, 1975
Height:0.5cm

　　玉质呈浅绿色。微雕玉兽，形体极小，作卧匍状。昂头向右扭望，自胸部到尾部有一穿孔。它对于研究我国微雕技艺有重要价值。

长流灰陶角

夏代（公元前 2070～前 1600 年）
洛阳偃师二里头遗址出土
高 17.3 厘米
Gray pottery proboscis Jiao
Xia Dynasty (2070～1600BC)
Excavated from Erlitou Site, Yanshi, Luoyang
Height:17.3cm

  形似爵，扁口外侈。口呈尖三角形，束腰大平底，口下有倾斜30度空管状直流，与口90度有扁平鋬，平底下有圆柱状三足，上粗下细，均外侈。器身与鋬部饰有线划纹。

商朝时期

（公元前1600~前1046年）

商朝时期

商族子姓，是活动在黄河下游的古老部族。夏朝末年，商族的势力由黄河下游易水流域发展到黄河中下游，进入夏人统治地区。约公元前1600年，商汤灭夏建立商朝，都西亳（今偃师商城遗址）。商代是中国奴隶社会的一个重要发展时期，活动地域、武功文治远超夏代。其政治、经济、文化都达到了一个新的高度。

考古发掘表明，偃师商城遗址即是商都西亳故城。偃师商城大致分为三个发展时期，200多年。这里发现了大型宫殿建筑群及中国最早的"御花园"——人工凿池引水造景的池苑设施。偃师商城布局考究，城址内的宫殿建筑群规划建设已具有中轴对称的营建思想，突显出王权的神圣。

商代陶器的烧制和使用十分普及。偃师商城发现了大量陶器，其种类繁多，有炊器、饮器、盛食器、盛储器等，制作工艺为轮制或模制，技术高超。商代是中国青铜器最辉煌的时期。这一时期铸造的青铜器器型多样、纹饰精美、铸造技术成熟。主要采用陶范铸造法，依靠活范模与活块范分铸铸接等技术制作形制复杂的器物。偃师商城铸铜遗址发现的造型别致、纹样精美的尊、斝等，显示了当时铸造技术已达到了相当高的水平。

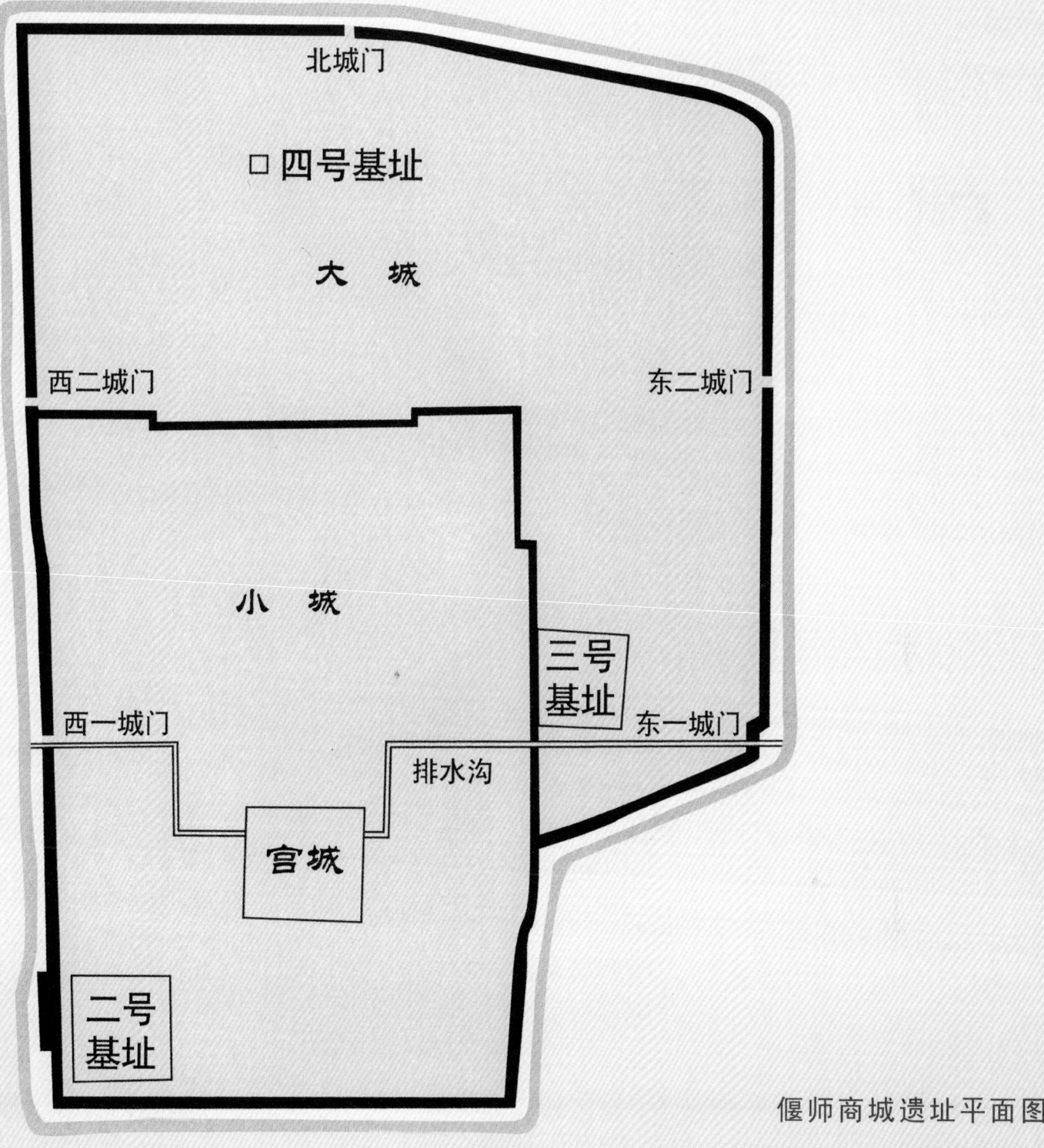

偃师商城遗址平面图

偃师商城遗址，位于偃师市区西部，北靠邙山，南临洛水。城址平面略呈长方形，南北长1700余米，北部宽1215米，中部宽约1120米，南部宽740米。城址由宫城、小城和大城三重城垣及多组宫殿建筑基址组成。该遗址的发现，对探讨夏文化和确认汤都西亳遗址具有重要意义。2001年，偃师商城被评为"中国20世纪百项考古大发现"之一。

夏商周时期
Xia, Shang and Zhou Periods

十字镂空黑陶豆

商代（公元前 1600～前 1046 年）
1984 年洛阳新安出土
高 13 厘米
Black pottery Dou with openwork pattern
Shang Dynasty (1600～1046BC)
Excavated from Xin'an County, Luoyang, 1984
Height:13cm

　　泥质灰黑陶。侈口，宽沿外折，圆唇，浅腹，平底，高圈足。盘表饰凸弦纹，足部除饰四周弦纹外，有"十"字形镂孔三个。通体磨光，制作精致，镂空工艺讲究。系商代具有代表性的食器之一。

云雷纹铜斝

商代（公元前1600～前1046年）
洛阳出土
高15.2厘米 口径12厘米
Bronze Jia inscribed cloud design
Shang Dynasty (1600～1046BC)
Excavated from Luoyang
Height:15.2cm Mouth:12cm

侈口，长束颈，圆鼓腹，圜底，三尖锥状T形足，颈腹部有半环形鋬。口沿上有二伞状柱，颈部饰一周斜角云雷纹。此种形制的斝极为少见。

夏商周时期
Xia, Shang and Zhou Periods

兽面纹铜尊

商代（公元前 1600～前 1046 年）
1974 年洛阳偃师城关乡塔庄村出土
高 25.5 厘米
Bronze Zun with beast-mask motif
Shang Dynasty (1600～1046BC)
Excavated from Tazhuang Village, Yanshi, 1974
Height:25.5cm

　　敞口，肩平折，鼓腹，下腹微收，圈足。颈饰二道弦纹，肩饰云雷纹和连珠纹。腹部饰以连珠纹为边的兽面纹，圈足上有三个"十"字孔。该尊是商代早期典型器物之一，保存完好，造型庄重，纹饰精美。

"子申父己"铜鼎

商代（公元前1600～前1046年）
1958年洛阳伊川出土
高20厘米
Bronze Ding inscribed "zi shen fu ji"
Shang Dynasty (1600～1046BC)
Excavated from Yichuan County, 1958
Height:20cm

  敛口，折平沿，立耳，浅腹，圜底，下有三立鸟形扁足。腹部饰以蝉纹及斜角云纹，器底内铸铭文"子申父己"四字。该器制作工艺高超，造型和纹饰精美。尤其鸟形扁足，颇为独特。是商代晚期典型器之一。

夏商周时期
Xia, Shang and Zhou Periods

"母婪"铜方罍

商代（公元前 1600～前 1046 年）
1963 年洛阳北窑商代贵族墓出土
通高 20.3 厘米
Square bronze Lei with beast-mask motif inscribed "mu gu"
Shang Dynasty (1600～1046BC)
Excavated from a tomb of the Shang Dynasty, Luoyang, 1963
Height in all:20.3cm

　　方体，四面坡屋顶状器盖。四角及器体四面有扉棱。通体均饰以龙纹、云雷纹组成的浮雕兽面。腹部饰有龙纹组成的垂叶纹。方体高大，纹样繁丽。它以实用与美术、圆雕、浮雕、图案交相使用，通身满布花纹，典雅、庄重。盖内铸有铭文"母婪"两字，据考证应是当时婪国女子嫁与母氏男子的媵器。该罍出土于洛阳北窑的一处西周贵族墓葬中，是商晚期青铜酒器中的代表之作。

夏商周时期
Xia, Shang and Zhou Periods

柿蒂纹铜尊

商代(公元前 1600～前 1046 年)
1959 年洛阳郊区出土
通高 25 厘米　口径 15 厘米。
Bronze Zun inscribed persimmon stems design
Shang Dynasty (1600～1046BC)
Excavated from Suburb, Luoyang, 1959
Height in all:25cm Mouth:15cm

　　敞口，长颈，鼓腹。高圈足，腹部饰一周柿蒂纹和云纹，其上下各有两道弦纹。圈足内铸铭文"子射"2 字。铸造精细，造型美观。

玉戈

商代（公元前 1600～前 1046 年）
1985 年洛阳洛宁出土
长 47.7 厘米
Jade Ge
Shang Dynasty (1600～1046BC)
Excavated from Luoning County, Luoyang, 1985
Length:47.7cm

　　灰白色玉质，通体抛光。戈呈长条状，锋呈三角状，短栏，长方形内，援本部有一孔。造型精简，制作精细，为商代礼器。

西周时期

(公元前1046～前771年)

西周时期

周族姬姓，是活动在中国西部泾渭流域的古老部族。商代末年，周武王在洛阳孟津大会诸侯伐纣灭商，于公元前1046年，武王在洛阳建立周，以镐京（位于今西安市长安区西北）为国都。为加强对东方殷遗民及东南地区方国的统治，成王继位后命周公和召公营建洛邑成周，并驻扎成周八师。洛阳成为西周京畿的重要组成部分，是统御全国的又一政治、经济、文化中心。西周时期成王曾长期在成周执政，周公在这里建立了一套比较完整的宗法、礼乐制度，成为后来儒学的源头。西周以井田制为基础，用以调节统治阶级的内部关系，对中国历史产生了深远的影响。

据考古发现推测，西周成周城可能位于今洛阳市区的瀍河两岸。这里分布着西周时期的大型铸铜遗址、贵族墓地及祭祀遗址，出土了大批铸造精美的西周青铜礼器，它们见证着成周洛邑曾经的兴盛和繁华。

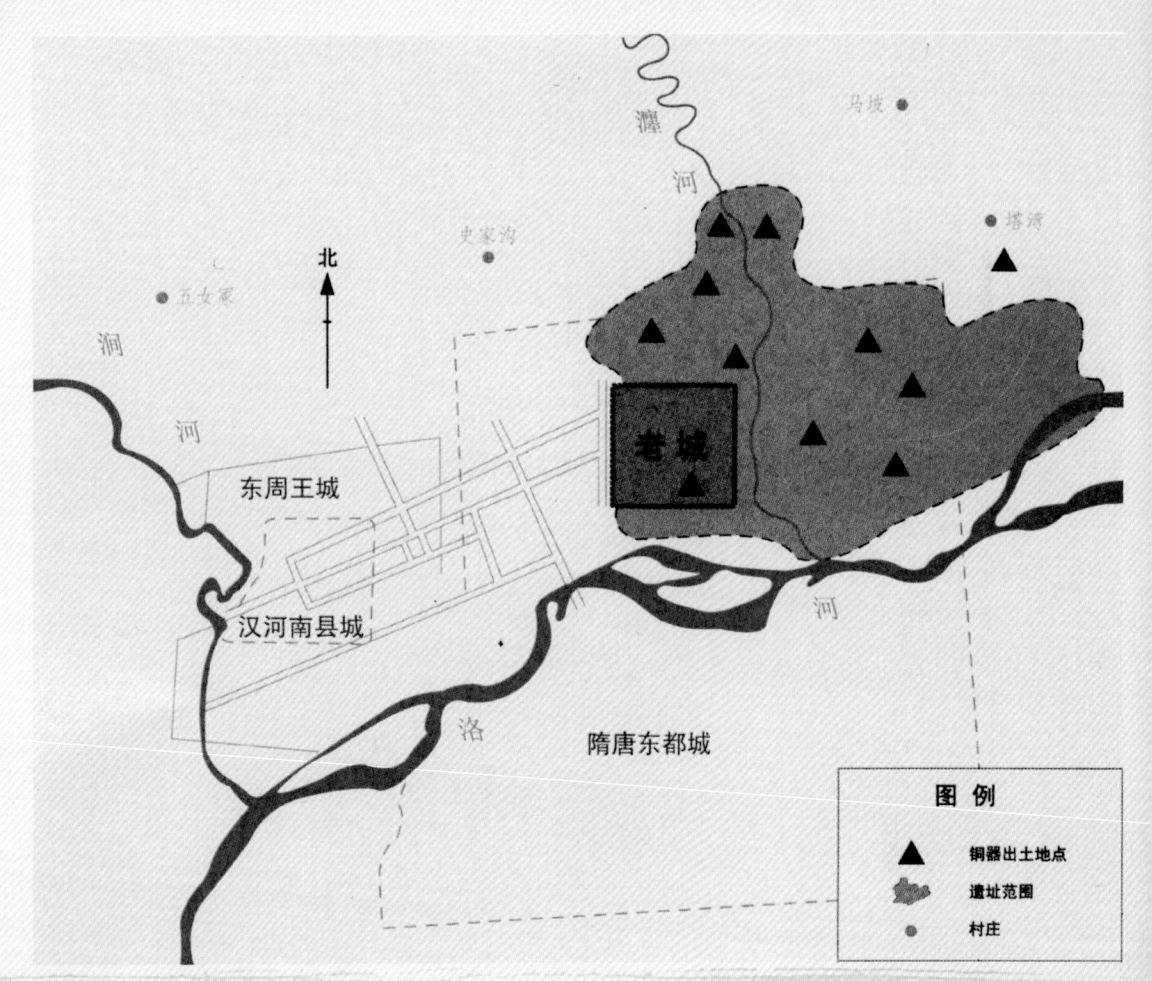

西周成周城位置示意图

夏商周时期
Xia, Shang and Zhou Periods

八卦符号陶罐

西周（公元前 1046～前 771 年）
1998 年洛阳北郊五女冢村西周墓出土
高 14.8 厘米

Pottery jar with the eight diagrams pattern
Western Zhou Dynasty (1046～771BC)
Excavated from a tomb of the Western Zhou Dynasty, Luoyang, 1998
Height:14.8cm

　　泥制灰陶。口微侈，圆唇，束颈，斜折肩，圆腹下收，平底。肩部刻画一周八卦符号。肩上刻画的八卦符号极为罕见。

青瓷双耳簋

西周（公元前 1046～前 771 年）
1964 年洛阳瀍河区出土
高 16 厘米
Proto-celadon Gui with double ears
Western Zhou Dynasty (1046～771BC)
Excavated from Luoyang, 1964
Height:16cm

灰白色胎。敞口，卷沿，斜肩，喇叭形圈足。腹部两侧有对称的"3"与反"3"字形耳。器内外施淡青色釉。釉面不匀，流釉现象明显。

夏商周时期
Xia, Shang and Zhou Periods

四系青瓷罍

西周（公元前 1046～前 771 年）
1964 年洛阳北窑庞家沟出土
高 27.3 厘米

Proto-celadon Lei with four handles
Western Zhou Dynasty (1046～771BC)
Excavated from Beiyao, Luoyang, 1964
Height: 27.3cm

　　灰白色胎。敞口，折肩，斜腹，圈足。肩饰弦纹、波折纹和斜方格纹，并贴附两两相对的半环形和绳索形钮。表面施青釉，施釉均匀，吸水性弱。花纹朴素大方，保存完整，是目前发现早期原始青瓷中的精品。

青瓷瓮

西周（公元前 1046～前 771 年）
1993 年洛阳林校西周车马坑出土
高 42 厘米
Proto-celadon orn
Western Zhou Dynasty (1046～771BC)
Excavated from the chariot pit at Forestry School, Luoyang, 1993
Height:42cm

　　敛口，圆鼓腹，小平底。肩和腹部饰拍印方格纹，通体施青釉，釉层不匀，多处流釉，口部和肩部釉下各有一刻画符号。从内壁看有八周泥条盘筑痕迹，每周宽约 5 厘米。此瓮形体大，保存好，颇为难得。

夏商周时期
Xia, Shang and Zhou Periods

云雷纹陶尊

西周（公元前 1046～前 771 年）
1969 年洛阳郊区出土
高 22.5 厘米
Bronze Zun inscribed cloud design
Western Zhou Dynasty (1046～771BC)
Excavated from Suburb Luoyang, 1969
Height:22.5cm

　　泥质灰陶。侈口，长颈，鼓腹，圜底，喇叭形翻唇高圈足。颈、腹及圈足分界明显。颈、腹及圈足上饰六道弦纹，口沿下和腹部饰云雷纹。该尊胎质细腻，纹饰清新，是西周时期仿青铜器制作的较典型的器物。

陶埙

西周（公元前 1046～前 771 年）
1964 年洛阳北窑西周墓出土
高 5.2 厘米
Pottery Xun
Western Zhou Dynasty (1046～771BC)
Excavated from a tomb of the Western Zhou Dynasty, Luoyang, 1964
Height:5.2cm

泥质灰陶。卵形，平底，小口，斜肩，鼓腹，腹中部有五个圆孔。埙为吹奏乐器，出现甚早，但早期之埙音孔数少。此埙有五个音孔，前面三个，后面两个，用各种不同的吹奏方法，每个埙可发出 11 个音阶，为研究西周时期音乐的发展及乐器的制作提供了可贵的实物资料。

夏商周时期
Xia, Shang and Zhou Periods

兽面纹铜方鼎

西周（公元前 1046～前 771 年）
1977 年洛阳北窑庞家沟西周墓出土
高 36 厘米
Square bronze Ding with beast-mask motif
Western Zhou Dynasty (1046～771BC)
Excavated from a tomb of the Western Zhou Dynasty at Beiyao, Luoyang, 1977
Height:36cm

  长方形体，折平沿，方唇，立耳，四柱足。器身四面饰以云雷纹衬地的兽面纹，四角和每面正中均有扉棱。鼎身四周均装饰凸目兽面纹，兽面双目圆凸，牛角形粗眉，形象生动。鼎形体方正规范，纹样庄重威严。铸造精工，几乎没有锈蚀，在商周青铜器中是极罕见的珍品。

西周时期 · 文物精粹

夏商周时期
Xia, Shang and Zhou Periods

"白懋父"铜簋

西周（公元前 1046～前 771 年）
1964 年洛阳北窑西周墓出土
高 14.1 厘米　口径 18.9 厘米
Bronze Gui inscribed "bai mao fu"
Western Zhou Dynasty (1046～771BC)
Excavated from a tomb of the Western Zhou Dynasty at Beiyao, Luoyang, 1964
Height:14.1cm Mouth:18.9cm

　　侈口，微卷沿，鼓腹，圜底，圈足有底折，腹两侧有兽形耳，口沿下饰一周云雷纹组成的兽面纹。腹部饰有竖棱纹，圈足饰兽面纹。簋底用毛笔墨书"白懋父"三字。"白懋父"即卫康叔之子康伯髦，曾率领八师"征东夷"、"北征"，为周立下战功。

"王妊"铜簋

西周（公元前 1046～前 771 年）
1964 年洛阳北窑西周墓出土
高 14.7 厘米
Bronze Gui inscribed "wang ren"
Western Zhou Dynasty (1046～771BC)
Excavated from a tomb of the Western Zhou Dynasty at Beiyao, Luoyang, 1964
Height:14.7cm

侈口，圆唇，高圈足，腹部两侧有对称的兽形环耳。口沿下腹和圈足部均饰阴线云纹组成的兽面纹。它与西周早期流行的阳纹不同，通体饰以阴线兽面纹，没有地纹，具有独特的纹样风格。其内底铸"王妊作簋"四字铭文一行，"王妊"是指周王妊姓的后妃，表明该簋为周王后妃所作之器。

夏商周时期
Xia, Shang and Zhou Periods

兽面纹铜觯

西周(公元前 1046～前 771 年)
洛阳出土
高 13.7 厘米
Bronze Zhi with beast-mask motif
Western Zhou Dynasty (1046～771BC)
Excavated from Luoyang
Height:13.7cm

  体呈扁状，侈口，束颈，鼓腹，高圈足。颈部、圈足各饰二周弦纹。腹部饰二组兽面纹，器型完整，制作精细，纹饰精美。

"考母"铜壶

西周(公元前 1046～前 771 年)
1964 年洛阳北窑西周墓出土
通高 31 厘米
Bronze pot inscribed "kao mu"
Western Zhou Dynasty (1046～771BC)
Excavated from a tomb of the Western Zhou Dynasty at Beiyao, Luoyang, 1964
Height in all:31cm

壶体直口,贯耳,长颈,长鼓腹,矮圈足。盖沿及颈部饰带状兽面纹,颈部附两对称鼻纽,顶部有喇叭状握手。盖和器颈内壁均有铭文"考母作盂"四字。

夏商周时期
Xia, Shang and Zhou Periods

"考母"铜罍

西周(公元前 1046～前 771 年)
1964 年洛阳北窑西周墓出土
高 22 厘米
Bronze Lei inscribed "kao mu"
Western Zhou Dynasty (1046～771BC)
Excavated from a tomb of the Western Zhou Dynasty at Beiyao, Luoyang, 1964
Height:22cm

敞口,折沿,圆肩,鼓腹,圈足。肩有两个对称的套环牛首半环耳,下腹一侧有小牛首形半环钮,颈部有弦纹两周,肩部饰有六个等距的阴线圆形涡纹,器腹内壁有"考母作簋"四字。

"召伯虎"铜盨

西周(公元前 1046～前 771 年)
1993 年洛阳东郊西周墓出土
通高 21 厘米
Bronze Xu inscribed "shao bo hu"
Western Zhou Dynasty (1046～771BC)
Excavated from Luoyang, 1993
Height in all:21cm

　　敛口，附耳，四柱足，盖上有四矩形纽，盖沿、口沿饰变形龙纹，腹饰瓦棱纹。这件铜盨独具特色，一改铜盨圈足为四柱足，极为罕见。器内壁、底及盖内均铸有铭文"召伯虎用作朕文考"两行八字。"召伯虎"是周代的召穆公，为厉王时的大臣，后来又辅立宣王。此是召伯虎为其父所作的祭器。

夏商周时期
Xia, Shang and Zhou Periods

兽面纹铜簋

西周（公元前 1046～前 771 年）
1964 年洛阳北窑庞家沟西周墓出土
高 14.2 厘米
Bronze Gui with beast-mask motif
Western Zhou Dynasty (1046～771BC)
Excavated from a tomb of the Western Zhou Dynasty at Beiyao, Luoyang, 1964
Height:14.2cm

　　侈口，方唇，垂腹，圈足较高，兽耳下有垂耳，腹部饰兽面纹，两侧为夔纹，上中部饰兽头，圈足饰夔纹及弦纹。造型规整，制作精细。

兽面纹铜甗

西周(公元前 1046～前 771 年)
洛阳机瓦厂西周墓出土
高 55.7 厘米
Bronze Yan with beast-mask motif
Western Zhou Dynasty (1046～771BC)
Excavated from a tomb of the Western Zhou Dynasty, Luoyang
Height:55.7cm

  侈口,双立耳,束腰,三足。甗系甑与鬲的合体,甑与鬲之间有箅。口沿下饰圆涡纹一周,三足顶有鬲腹,为三浅浮雕兽面。是西周青铜实用炊食器。

夏商周时期
Xia, Shang and Zhou Periods

夔纹铜提梁卣

西周（公元前 1046～前 771 年）
洛阳出土
高 22.5 厘米
Bronze You with beast-mask motif and a chain
Western Zhou Dynasty (1046～771BC)
Excavated from Luoyang
Height:22.5cm

弧腹，圈足，提梁上饰双身夔纹，中间一乳凸，盖上有握手，盖颈饰夔龙纹组成的兽面纹带，盖器上铸有铭文"□作尊彝"。此卣是西周早期铜器，铸造精良，保存完好，是洛阳西周铜卣中的珍品。

兽头錾铜方盉

西周（公元前 1046～前 771 年）
1964 年洛阳北窑出土
高 16.7 厘米
Square bronze He
Western Zhou Dynasty (1046～771BC)
Excavated from Beiyao, Luoyang, 1964
Height:16.7cm

  体呈圆角方形，侈口，短颈，兽头錾。钮盖与錾套铸，广肩，宽腹，浅分档。管形流，斜出于腹部，下承四个细柱足。颈部有两周弦纹。该盉器型别致，制作精细，是洛阳已发现的西周时期的较为典型的青铜礼器。

夏商周时期
Xia, Shang and Zhou Periods

象首足铜鬲

西周（公元前 1046～前 771 年）
1964 年洛阳机瓦厂墓葬出土
通高 14 厘米
Bronze Li
Western Zhou Dynasty (1046～771BC)
Excavated from Luoyang, 1964
Height in all:14cm

侈口，直耳，腹部由三个较大的款足构成，分裆明显，三足分铸。足呈短圆柱状。在三个款足上刻画有目纹，使每个款足的形状似乎成了象首形。该器制作精良，纹饰简单，但形象夸张。

斜线纹铜鬲

西周（公元前 1046～前 771 年）
1966 年洛阳北窑庞家沟西周墓出土
高 11.4 厘米
Bronze Li with slated-line motif
Western Zhou Dynasty (1046～771BC)
Excavated from Beiyao, Luoyang, 1966
Height:11.4cm

　　敛口，束颈，鼓腹，分裆，三乳形袋足，肩至足及裆有平行斜线纹，内壁有"作簋"两字。造型规整，制作精细。

夏商周时期
Xia, Shang and Zhou Periods

兔纹铜觯

西周（公元前 1046～前 771 年）
1964 年洛阳北窑西周墓出土
高 13 厘米
Bronze Zhi with rabbit motif
Western Zhou Dynasty (1046～771BC)
Excavated from a tomb of the Western Zhou Dynasty at Beiyao, Luoyang, 1964
Height:13cm

侈口，鼓腹，圈足。颈部饰一周生动的写实兔纹。内底有"戈"字铭文，是"戈"族的族徽。戈族是夏遗民，商晚期因逃避商的暴政而南迁，此器具有明显的商代遗风。该觯造型规整，铭文清楚，兔纹写实，弥足珍贵。

兽面纹铜觯

西周(公元前 1046～前 771 年)
1964 年洛阳北窑庞家沟西周墓出土
高 12 厘米
Bronze Zhi with beast-mask motif
Western Zhou Dynasty (1046～771BC)
Excavated from a tomb of the Western Zhou Dynasty at Beiyao, Luoyang, 1964
Height:12cm

椭圆形,侈口,鼓腹,高圈足。颈部及圈足饰夔纹,两夔纹相对,中起一凸棱,组成兽面纹,颈和圈足分别饰有四条和两条弦纹,器物通体漆黑发亮。

夏商周时期
Xia, Shang and Zhou Periods

双面人四管铜器座

西周（公元前 1046～前 771 年）
1993 年洛阳林校车马坑出土
通高 15.5 厘米

Pedestal in the shape of double-faced person
Western Zhou Dynasty (1046～771BC)
Excavated from the chariot pit at Forestry School, Luoyang, 1993
Height in all:15.5cm

　　器体由四管四角十字形器连接组成，管下有乳头状实心足。十字正中蹲踞一双面人，两耳宽大，鼻头高凸，嘴微微张开，头顶盘发，双手分置于四足器座的连接臂上，作支撑状，四足管壁上均饰斜角云纹。出土时四管中均残留高 5 厘米的朽木，推测此物应为器座。

镂空管銎铜戈

西周（公元前 1046～前 771 年）
1964 年洛阳北窑庞家沟出土
通长 25 厘米
Bronze Ge with beast head-shaped grip
Western Zhou Dynasty (1046～771BC)
Excavated from Pangjiagou Village, Beiyao, Luoyang, 1964
Length in all:25cm

　　直援，人字形锋，长胡，短内，阑呈镂空圆管形，上端凸出封口，饰一戴高冠双面兽头，下为镂空筒形銎，戈上有兽纹，兽张口伸舌成凹脊。铜戈阑兽面镂空。

夏商周时期
Xia, Shang and Zhou Periods

"丰伯"铜剑

西周(公元前 1046～前 771 年)
1964 年洛阳北窑庞家沟出土
长 25 厘米
Bronze sword inscribed "feng bo"
Western Zhou Dynasty (1046～771BC)
Excavated from Pangjiagou Village, Beiyao, Luoyang, 1964
Length:25cm

　　柳叶状,两面刃。背部正中倒铸铭文"丰伯"两字。"丰伯"出自姬姓,为周文王之子酆侯之后,为丰国国君。此剑据推测应为"丰伯"自用剑。

"宗人"铜斧

西周(公元前 1046～前 771 年)
洛阳机瓦厂西周墓出土
高 11.5 厘米
Bronze axe inscribed "zong ren"
Western Zhou Dynasty (1046～771BC)
Excavated from a tomb of the Western Zhou Dynasty at Beiyao, Luoyang
Height:11.5cm

方銎,利刃,器中阶棱明显,一侧半环耳,器面一侧铸"宗人用"三字。

夏商周时期
Xia, Shang and Zhou Periods

"南"铜干首

西周（公元前 1046～前 771 年）
1964 年洛阳北窑庞家沟出土
长 27 厘米

Bronze weapon inscribed "nan"
Western Zhou Dynasty (1046～771BC)
Excavated from Pangjiagou Village, Beiyao, Luoyang, 1964
Length: 27cm

　　形似"中"形，中部作长骹窄叶矛形。矛骹圆銎，两侧附向上弯曲的叶，面侧和两叶有圆扣四个：銎侧两个，两叶各一个。矛头正面阴铸铭文"南"字。此物为西周时期旌上端之矛的饰品。

人形铜车辖

西周（公元前 1046～前 771 年）
1966 年洛阳北窑庞家沟出土
高 22.5 厘米
Bronze axle-pin of chariot with human-shaped
Western Zhou Dynasty (1046～771BC)
Excavated from Pangjiagou Village, Beiyao, Luoyang, 1966
Height:22.5cm

　　车辖上部为一踞坐人俑。人俑双手交叉置于胸前，头部梳单圆高发髻，下以镂孔帽相束，帽带系于颈下，上衣宽边右衽，腰系宽带，前面下垂。俑下有辖椎，俑背有一饰有兽面纹的长方形轴板。

夏商周时期
Xia, Shang and Zhou Periods

镂空兽头铜饰

西周（公元前 1046～前 771 年）
1964 年洛阳北窑庞家沟西周墓出土
高 11.2 厘米
Bronze cart decoration
Western Zhou Dynasty (1046～771BC)
Excavated from Pangjiagou Village, Beiyao, Luoyang, 1964
Height:11.2cm

  镂空兽头状，张口露齿，头部有变形兽面纹、窃曲纹、蝉纹等，空中一铜球，摇动作响，下有插孔。是西周时期一铜车马器重要构件。

夔龙牛首纹铜车饰

西周(公元前 1046～前 771 年)
1964 年洛阳北窑庞家沟西周墓出土
高 18.6 厘米
Bronze cart decoration
Western Zhou Dynasty (1046～771BC)
Excavated from Pangjiagou Village, Beiyao, Luoyang, 1964
Height:18.6cm

两部分组成。上部椭圆形,饰以夔龙纹,间以平行弦纹;下部梯形面,上饰牛首纹。是西周时期的铜车马器构件。

夏商周时期
Xia, Shang and Zhou Periods

夔龙纹铜编钟

西周（公元前 1046～前 771 年）
1986 年洛阳西工区 612 所西周墓出土
高 24～41 厘米
Bronze chime-bells
Western Zhou Dynasty (1046～771BC)
Excavated from Xigong District, Luoyang, 1986
Height:24～41cm

　　存四件。器体厚重，铸造精细，花纹讲究，经测正侧鼓发音不同。编钟是西周时期出现的一种打击乐器，为举行祭祀、宴享等活动时使用的礼乐器。西周编钟常见三件一组或八件一组，往往形制相同，大小递减。编钟数量多寡显示了贵族身份高低。

夏商周时期
Xia, Shang and Zhou Periods

"叔牝"铜方彝

西周（公元前 1046～前 771 年）
1924 年洛阳小李村出土
高 32.6 厘米
Square bronze Yi inscribed "shu pin"
Western Zhou Dynasty (1046～771BC)
Excavated from Luoyang, 1924
Height:32.6cm

　　体形方正。器盖呈四面坡屋顶状，脊中有方形钮。器身长方形，侈口，束颈，鼓腹，圈座。全身满饰三层浅浮雕花纹，主体纹饰为兽面纹，间饰凤鸟纹，边角和每面正中皆出扉棱。铸造精致，造型端庄。盖与腹内铸有相同的铭文"叔牝赐贝于王姒用做宝尊彝"三行十二字。据考证，铭文中的"王姒"当为周文王之妃，其赐贝于其子成叔武，成叔武用赐贝为资铸作成器，此彝即为王室重器。

兽面纹铜方座簋

西周（公元前 1046～前 771 年）
1977 年洛阳北窑庞家沟西周墓出土
高 36 厘米
Square-based bronze Gui with beast-mask motif
Western Zhou Dynasty (1046～771BC)
Excavated from a tomb of the Western Zhou Dynasty at Beiyao, Luoyang, 1977
Height:36cm

　　侈口，鼓腹，圜底，圈足，下有方形座。腹有两对称的象鼻兽头耳。簋腹和座四侧均饰兽面纹，圈足饰夔纹。内底有铭文"作宝彝"三字。形体方正，纹样庄重。是西周早期典型的食器。上为双耳圆体簋，下置方座，是洛阳地区唯一的一件方座铜簋。

夏商周时期
Xia, Shang and Zhou Periods

玉虎

西周(公元前 1046～前 771 年)
1964 年洛阳北窑庞家沟西周墓出土
长 16.5 厘米
Jade tiger
Western Zhou Dynasty (1046～771BC)
Excavated from Pangjiagou Village, Beiyao, Luoyang, 1964
Length:16.5cm

  青玉质。虎圆雕，作爬卧状。头部下垂，咧口竖耳，后尾上卷，身上刻画花纹。造型生动，姿态逼真，刀法纯熟。用料恰到好处，虎的耳、颈、背为黑色，头、尾、腹、腿为青色，身背光洁细腻，充分反映了西周时期玉雕工艺的高超技巧，是玉器中的俏色经典。

玉鸮

西周（公元前 1046～前 771 年）
1964 年洛阳北窑庞家沟西周墓出土
高 4.6 厘米
Jade owl
Western Zhou Dynasty (1046～771BC)
Excavated from Pangjiagou Village, Beiyao, Luoyang, 1964
Height:4.6cm

  浅黄玉质。变体鸮形，鸮昂首安卧，嘴尖下折成钩，两角弯曲，尾部上翘，两足蹲立，头部刻画两眼，身上刻画羽毛。造型古朴，形象逼真。

夏商周时期
Xia, Shang and Zhou Periods

牛形玉调色器

西周（公元前 1046～前 771 年）
1964 年洛阳北窑庞家沟西周墓出土
高 3.5 厘米
Ox-shaped jade vessel for mixing colors
Western Zhou Dynasty (1046～771BC)
Excavated from Pangjiagou Village, Beiyao, Luoyang, 1964
Height:3.5cm

　　玉质乳白带黑。牛首前伸，两侧有耳，上端刻画牛角；牛的身躯呈立体长方形，下面四腿作跽卧状。背部宽平，雕有四个调色的圆洞。周身主题花纹为回形纹。造型奇特，雕刻精致。

西周时期·文物精粹

094 ... 095

夏商周时期
Xia, Shang and Zhou Periods

玉蚕

西周（公元前 1046～前 771 年）
1966 年洛阳瀍河区机瓦厂墓葬出土
长 4 厘米
Jade silkworm
Western Zhou Dynasty (1046～771BC)
Excavated from Chanhe District, Luoyang, 1966
Length:4cm

　　青玉质。圆雕，蚕体丰满，头大尾小，头部用单线刻画线条纹，背脊有四道蚕蛹纹。蚕首有穿孔，可系佩。线条柔和，造型生动。

玉 蝉

西周（公元前 1046～前 771 年）
1964 年洛阳汽车修配厂出土
长 4 厘米
Jade cicada
Western Zhou Dynasty (1046～771BC)
Excavated from Luoyang, 1964
Length:4cm

　　碧玉。形体扁平，眉目分明，两翼张开，尾部微翘。玉体上阴刻有单线蝉形纹，形象栩栩如生。

夏商周时期
Xia, Shang and Zhou Periods

夔形柄玉刀

西周（公元前 1046～前 771 年）
1964 年洛阳北窑庞家沟西周墓出土
长 10.6 厘米
Jade knife with dragon-shaped handle
Western Zhou Dynasty (1046～771BC)
Excavated from Pangjiagou Village, Beiyao, Luoyang, 1964
Length:10.6cm

　　乳黄色玉质。厚背薄刃，尖锋。柄作夔形，尾上卷形成一小圆形穿。玉刀质地细腻，刻法纯熟，纹饰古朴，造型美观。

玉柄形器

西周（公元前 1046～前 771 年）
1965 年洛阳瀍河区机瓦厂出土
长 19.8 厘米
Handle-shaped jade vessel
Western Zhou Dynasty (1046～771BC)
Excavated from Chanhe District, Luoyang, 1965
Length:19.8cm

　　青灰色玉质。通体近似柱形，平首，一头为柄，头宽，柄把稍细。体上刻画有稀疏鱼鳞状纹饰。尾部稍细，呈正方形。两面体上有槽沟。玉质纯净，纹饰细腻。

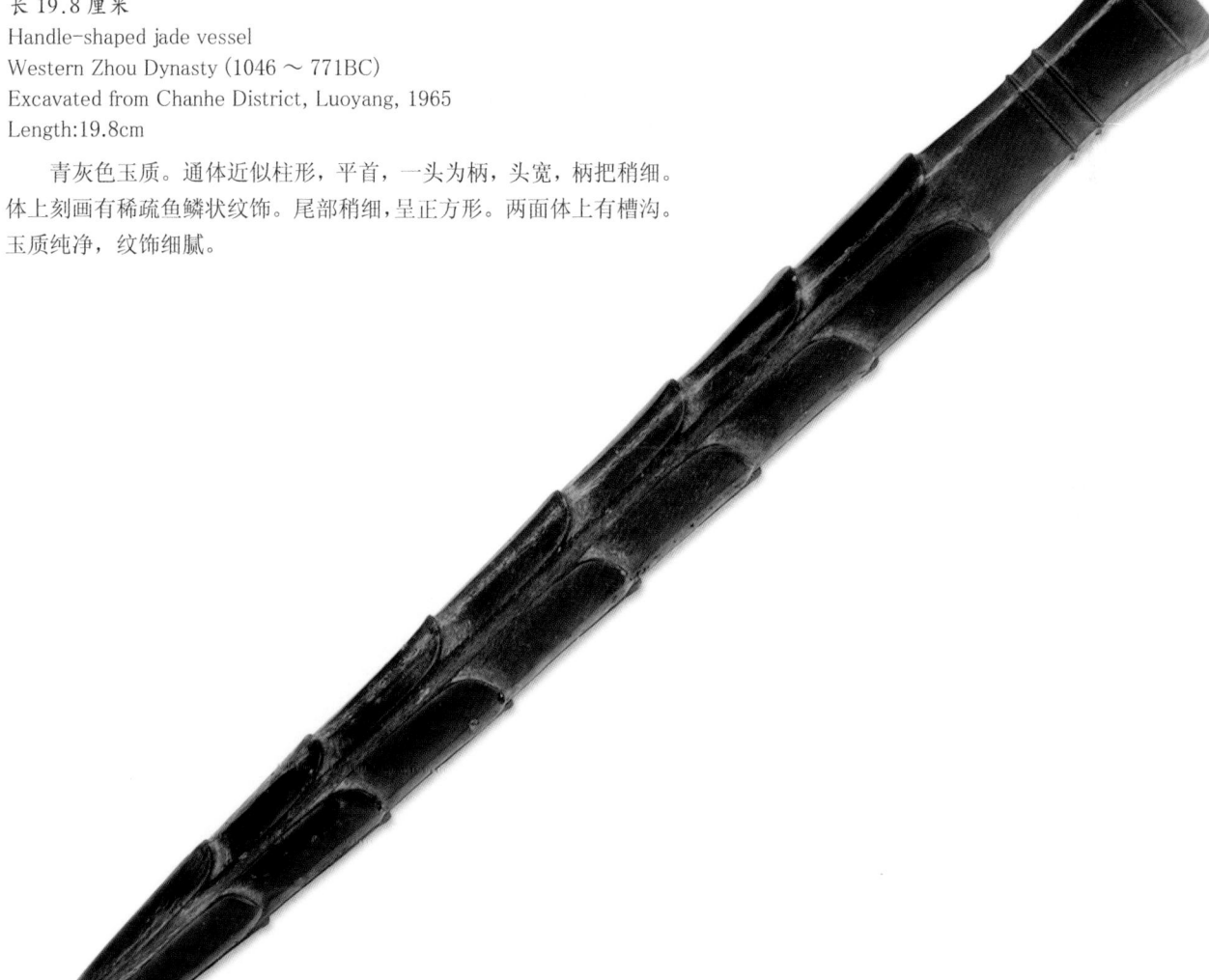

东周时期

(公元前770~前221年)

东周时期

公元前771年，犬戎举兵围攻宗周，杀幽王于骊山（今属陕西临潼）之下。诸侯拥立太子宜臼即位，是为平王。公元前770年，周平王东迁洛邑，史称东周。

东周时期是社会大变革时期。政治上周王室衰微，强势诸侯"挟天子以令诸侯"，称霸天下，"礼崩乐坏"；经济上铁器开始发明使用，推动了生产力的发展与提高，井田制瓦解，土地私有制出现，封建领主经济开始向地主封建经济转变；思想文化领域出现了道、儒、墨、法等百家争鸣的局面。王城洛邑，人文荟萃，老子长居于此创立了道家学派，孔子入周问礼于老子，纵横家苏秦出生并长期生活在这里，洛阳成为当时礼乐文化的中心和百家争鸣的大舞台。

洛阳发现的东周时期错金银器、青铜器、玉器呈现出与前代全然不同的风格，一股清新活泼、生机勃勃的气息扑面而来，恰与当时社会变革、思想领域"百家争鸣"的局面相契合。

东周王城平面图

东周王城位于洛阳市涧河两岸，南临洛河。王城在 20 世纪 50 年代发掘，该城址呈不规则长方形。南北长约 3500 米，东西宽约 3000 米，占地约 10 平方公里。东周王城的城址内北部发现有制陶、制骨和铸铜作坊遗址；城西南分布着宫殿建筑群基址；在建筑群东侧分布有粮窖区；中部、东南部为王城陵区。东周王城作为洛邑的组成部分，多年来有许多闻名中外的考古新发现。

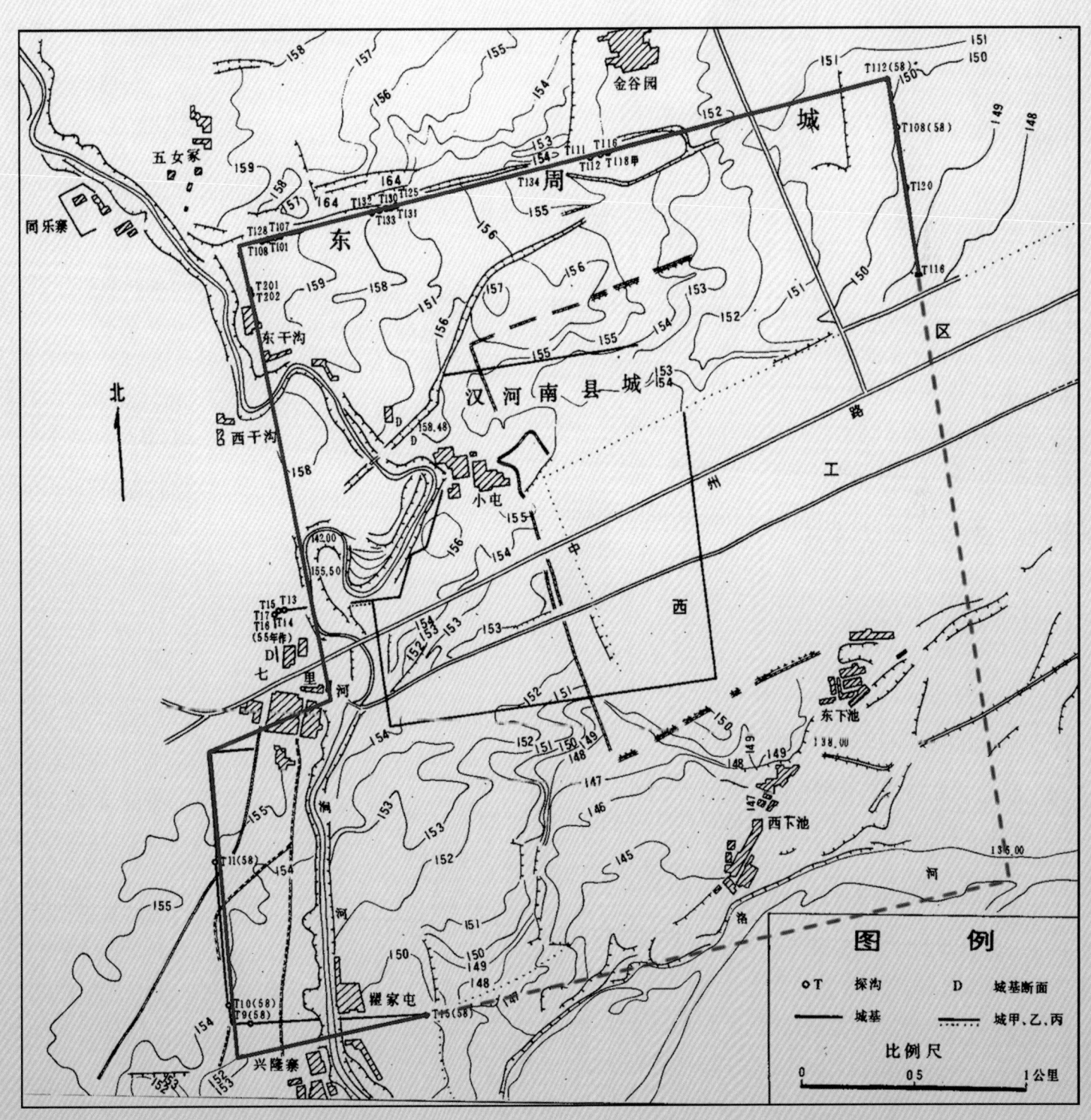

夏商周时期
Xia, Shang and Zhou Periods

错金银带流铜鼎

战国时期（公元前 475～前 221 年）
1979 年洛阳西郊小屯村战国墓出土
通高 16.5 厘米

Bronze Ding inlaid with gold and silver
Warring States Period (475～221BC)
Excavated from a tomb of Warring States Period, Luoyang, 1979
Height in all:16.5cm

　　带盖，身盖合成扁圆球形，盖作拱顶，上有铺首鼻纽。口沿下有短管流，两侧为附耳，三蹄足。全身饰错金银四瓣花纹、三角云纹。整个鼎布局匀称和谐，纹样图案对称、工整，四瓣花纹非常罕见，铺首纽也很少见，给人以强烈的艺术感染力。错金银对称和谐，装饰华丽，造型精巧玲珑，是战国时期错金银工艺的典型。

错银蛇形铜承弓器

战国时期（公元前 475～前 221 年）
1972 年洛阳西工区战国车马坑出土
长 19 厘米
Bronze bow
Warring States Period (475～221BC)
Excavated from the chariot pit of Warring States Period, Luoyang, 1972
Length:19cm

　　蛇形，蛇头前伸，尾作方形筒，筒内有朽木。是战国弩机青铜附件，安装于弩机木臂前端用以承弓。制作精致，表面为错银卷云纹图案。

夏商周时期
Xia, Shang and Zhou Periods

鎏金铜带钩

战国时期（公元前475～前221年）
1994年洛阳涧西区战国墓出土
长17.6厘米
Gilt bronze belt hook
Warring States Period (475～221BC)
Excavated from Luoyang, 1994
Length:17.6cm

　　模铸鎏金，腹扁宽。整体为一夔龙状。头顶有耳，额上长角，眼鼓凸，嘴唇上翘，肩、腹及臂部有爪。尾部饰一钩状，身饰卷云纹，似夔龙在云中腾飞。

双龙首银带钩

战国时期(公元前475～前221年)
1985年洛阳涧西区战国墓出土
长19.5厘米
Silver belt hook
Warring States Period (475～221BC)
Excavated from Luoyang, 1985
Length:19.5cm

  板面长弧形。正面两个龙首前伸，龙舌外露，舌尖上卷成钩状。龙角凸棱，向后伸展至末端。上饰四条弦纹，尾部为四个小兽头。凸棱间凹部和龙角前后两端贴饰金箔。钩体巨大，有两个钩首，这种异形带钩在全国已发掘的同类实物中较少见。

夏商周时期
Xia, Shang and Zhou Periods

错金银带钩

战国时期(公元前 475～前 221 年)
1993 年洛阳道北锻造厂战国墓出土
长 9.2 厘米
Belt hook inlaid with gold and silver
Warring States Period (475～221BC)
Excavated from the tomb of Warring States Period at Daobei, Luoyang, 1993
Length:9.2cm

  体扁圆，细颈，腹部较宽，兽首形弯钩。通体施错金菱形纹、四瓣花纹。造型规整，做工精细。

金带钩

战国时期(公元前 475～前 221 年)
1992 年洛阳针织厂战国墓出土
长 16.2 厘米
Gold belt hook
Warring States Period (475～221BC)
Excavated from Luoyang, 1992
Length:16.2cm

兽形钩首,钩体系金质镂空弧形,嵌四枚银贝形饰。

夏商周时期
Xia, Shang and Zhou Periods

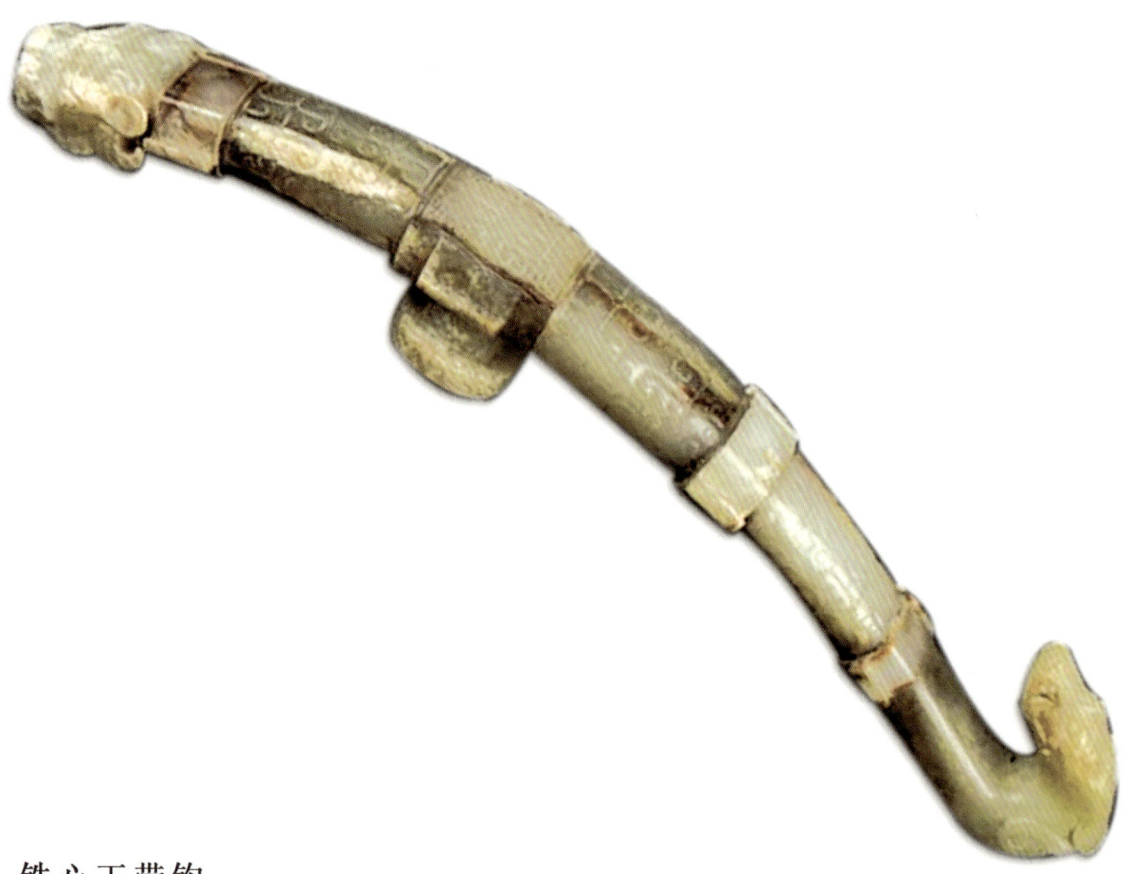

铁心玉带钩

战国时期(公元前 475 ～前 221 年)
1992 年洛阳针织厂战国墓出土
长 18.5 厘米
Jade belt hook with iron core
Warring States Period (475 ～ 221BC)
Excavated from Luoyang, 1992
Length:18.5cm

　　玉色青中泛黄。长弧形，龙首形钩，末端为虎首。由九节玉块组成，中心穿孔以铁丝相连，身饰卷云纹。

踞坐小冠玉人

战国时期（公元前 475～前 221 年）
1987 洛阳西工区战国墓出土
高 7.5 厘米
Jade figurine
Warring States Period (475～221BC)
Excavated from Luoyang, 1987
Height:7.5cm

　　青玉质。圆雕。人呈踞坐状，凸目高鼻，短发大耳，戴冠，似带假面具，大眼凸炯，双手置腹部，双膝跪地。衣服纹饰呈方格、三角等几何纹。是战国时期的一件写实作品。

夏商周时期
Xia, Shang and Zhou Periods

玉面覆

战国时期（公元前 475～前 221 年）
1972 年洛阳省建三公司战国墓出土
Jade covering
Warring States Period (475～221BC)
Excavated from Luoyang, 1972

  浅灰色，玉质薄，由 17 件组成，其中长方形 1 件，动物花纹 8 件，蝉纹 1 件，圆形 1 件，三角形 3 件，半圆形 2 件，圭形 1 件。该器物成组发现，覆盖于死者面部，是汉代金缕玉衣的前身。对研究战国丧葬制度和玉器制作工艺提供了重要的实物资料。

墨玉双龙首佩

战国时期(公元前 475～前 221 年)
1990 年洛阳西工区战国墓出土
长 11.9 厘米
Bow-shaped jade dragon with two heads
Warring States Period (475～221BC)
Excavated from Luoyang, 1990
Length:11.9cm

墨玉质。龙身呈弓形,双龙首,身饰谷纹,中部有一穿孔。

夏商周时期
Xia, Shang and Zhou Periods

勾首卷尾夔龙玉佩

战国时期（公元前 475～前 221 年）
1987 年洛阳西工区西小屯战国墓出土
长 13.7 厘米
Bow-shaped jade dragon
Warring States Period (475～221BC)
Excavated from Xigong District, Luoyang, 1987
Length:13.7cm

　　玉质灰白。龙呈蜷曲形，前吻向前凸出，爪变为卷云形，身中部有一个小孔。身饰涡纹。

勾首卷尾夔龙玉佩

战国时期（公元前 475～前 221 年）
1990 年洛阳西工区百货站战国墓出土
长 12.4 厘米
Dragon-shaped jade pendant
Warring States Period (475～221BC)
Excavated from Xigong District, Luoyang, 1990
Length:12.4cm

玉质灰白。龙呈蜷曲形，勾首卷尾。满身饰小涡纹。腰部有一小孔。

夏商周时期
Xia, Shang and Zhou Periods

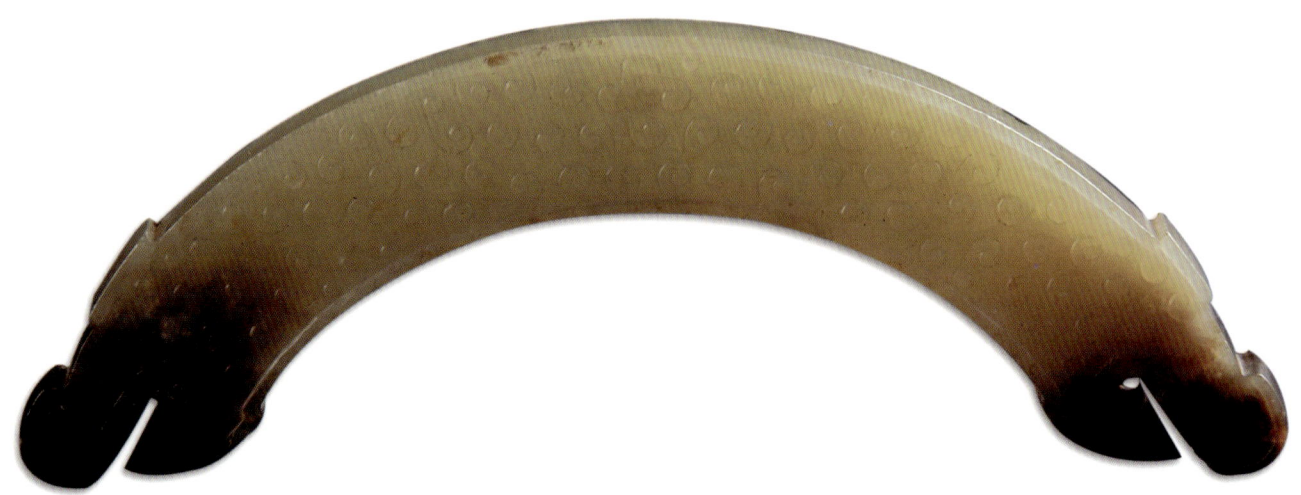

龙首玉璜

战国时期(公元前 475～前 221 年)
1972 年洛阳战国墓出土
长 14 厘米
Dragon-shaped jade Huang
Warring States Period (475～221BC)
Excavated from Luoyang, 1972
Length:14cm

　　淡青色玉质。两头为棕色龙首，璜体饰涡云纹。正中有一小穿孔。做工精良，造型别致。

双龙玉璧

战国时期(公元前 475～前 221 年)
1983 洛阳西工区战国墓出土
长 5.9 厘米
Jade Bi with dragon design
Warring States Period (475～221BC)
Excavated from Xigong District, Luoyang, 1983
Length:5.9cm

　　玉质灰白。两侧外缘有对称的透雕伏龙，两面饰浮雕谷纹。琢制较精，玉璧外缘附加雕饰，属于出廓璧，是玉璧中的一种特殊品种。

夏商周时期
Xia, Shang and Zhou Periods

"毕公"玉戈

战国时期(公元前 475～前 221 年)
洛阳唐宫路小学战国墓出土
通长 3.3 厘米　宽 1.7 厘米
Jade Ge inscribed "bi gong"
Warring States Period (475～221BC)
Excavated from Tanggong Road, Luoyang
Length in all:3.3cm　Width:1.7cm

　　玉色青白，通体抛光。短直援，短胡三圆孔穿，长方形直内一角有勾，内上有圆孔穿，援本部有大圆孔穿。援两面分别刻铭"毕公""左徒"。

玉扳指

战国时期（公元前 475～前 221 年）
1992 年洛阳针织厂战国墓出土
高 4.5 厘米　孔径 2 厘米
Jade fingerstall
Warring States Period (475～221BC)
Excavated from Luoyang, 1992
Height:4.5cm　Hole Diameter:2cm

　　玉质青白色，色泽温润，通体抛光，琢制精美。

夏商周时期
Xia, Shang and Zhou Periods

"事君子"玉印

战国时期（公元前 475～前 221 年）
1992 年洛阳市针织厂战国墓出土
高 1.8 厘米　直径 1.7 厘米
Jade seal inscribed "shi jun zi"
Warring States Period (475～221BC)
Excavated from Luoyang, 1992
Height:1.8cm Diameter:1.7cm

　　玉质青中泛白，圆柱形，长方形扁平钮，钮下有穿，印面篆刻"事君子"三字。

"生"玉印

战国时期（公元前475～前221年）
洛阳棉纺厂战国墓出土
高1.3厘米　直径1.8厘米
Jade seal inscribed "sheng"
Warring States Period (475～221BC)
Excavated from Luoyang
Height:1.3cm Diameter:1.8cm

　　玉色青中泛白，印面方正，中刻"生"字。

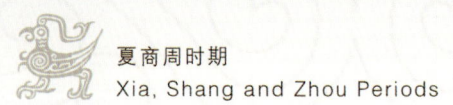

夏商周时期
Xia, Shang and Zhou Periods

水晶项链

春秋时期（公元前 770～前 476 年）
1954 年洛阳中州路出土
高 0.3～2.5 厘米
Crystal necklace
Spring and Autumn Period (770～476BC)
Excavated from Zhongzhou Road, Luoyang, 1954
Height:0.3～2.5cm

　　由水晶珠、玛瑙珠、绿松石串连组成。反映了当时玉质取材的广泛与制作工艺的精湛。

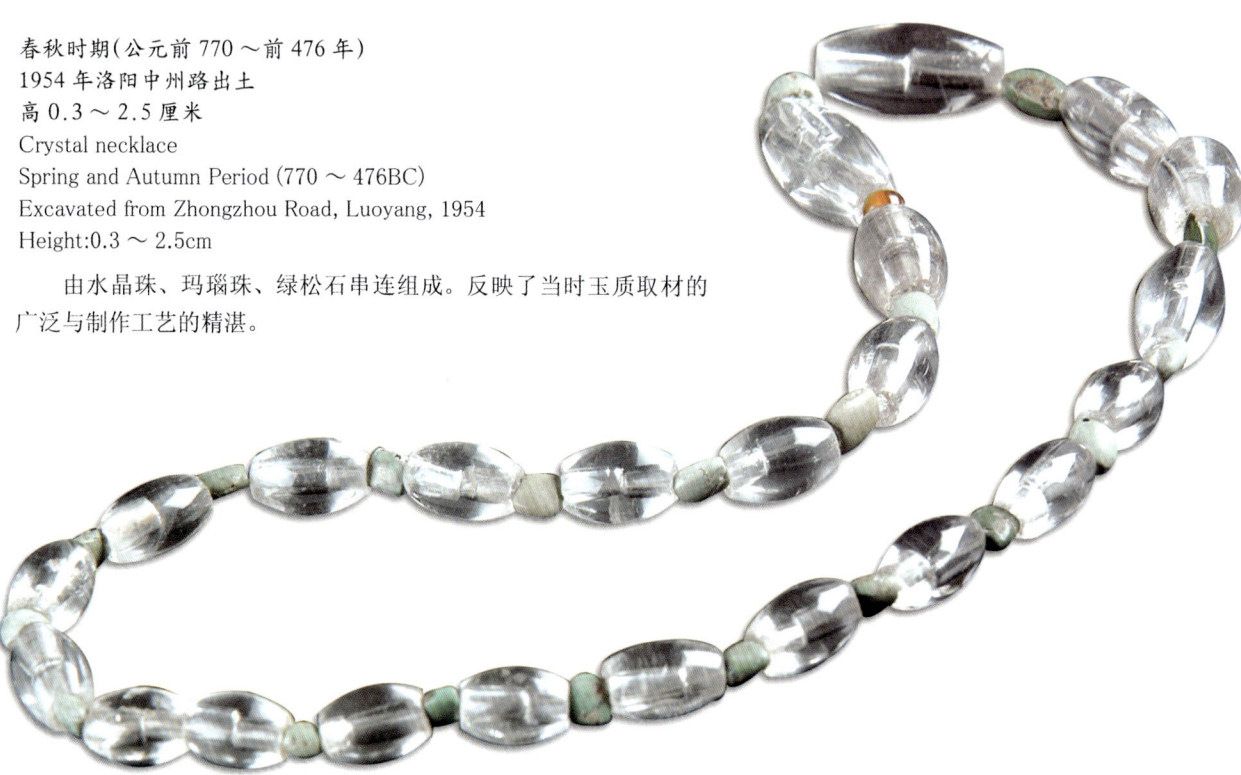

水晶镯

战国时期(公元前 475～前 221 年)
1982 年洛阳东风轴承厂驻地墓葬出土
高 1.6 厘米
Crystal bracelet
Warring States Period (475～221BC)
Excavated from Dongfeng Bearing Factory, Luoyang, 1982
Height:1.6cm

　　圆环形,无色透明,较宽厚,制作精美。

夏商周时期
Xia, Shang and Zhou Periods

玻璃珠

战国时期（公元前 475～前 221 年）
1987 年洛阳西工区小屯战国墓出土
直径 0.7～2.3 厘米
Glass beads
Warring States Period (475～221BC)
Excavated from Xigong District, Luoyang, 1987
Diameter:0.7～2.3cm

　　呈不规则圆形，表面以蓝、白色绘出数个同心圆饰，中有穿孔。该器造型别致，制作精细，小巧玲珑，是研究我国玻璃制造史的重要实物。

铅跪俑

战国时期（公元前 475～前 221 年）
1982 年洛阳西工二轻局出土
高 22.3 厘米
Lead figurine
Warring States Period (475～221BC)
Excavated from Luoyang, 1982
Height:22.3cm

  铅质，跪姿。头戴翘沿帽，双手捧筒状物于胸前，双膝跪地，造型奇特。

夏商周时期
Xia, Shang and Zhou Periods

石编磬

战国时期（公元前 475～前 221 年）
1954 年洛阳中州大渠出土
长 22.5～51 厘米
Stone chime
Warring States Period (475～221BC)
Excavated from Zhongzhou Canal, Luoyang, 1954
Length: 22.5～51cm

　　石灰质岩，灰白色，个别呈黑色，表面磨光。共十件，形制基本相同，大小依次递减。这套石磬倨句、股、鼓分明，顶为一钝角，底为一拱弧，悬孔在靠近倨句处，鼓部较股部为长。磬厚度不均，股部厚于鼓部。磬的形制分单悬的特磬与成组使用的编磬。这组编磬大小相次，形制统一，经测试有宫、商、角、徵、羽五个音阶，为东周磬制的研究提供了实物资料。

东周时期·文物精粹

124 ... 125

夏商周时期
Xia, Shang and Zhou Periods

陶孔雀形器

战国时期（公元前 475～前 221 年）
2001 年洛阳宜阳韩城窑上村出土
高 9.4 厘米
Pottery peacock-shaped vessel
Warring States Period (475～221BC)
Excavated from Yiyang County, Luoyang, 2001
Height:9.4cm

　　泥质灰陶。作引颈展翅跃跃欲飞状孔雀造型。突出表现了孔雀高昂的头颈和硕大的羽翼，体现出一种朴拙之美。

彩绘蟠龙纹陶鼎

战国时期（公元前 475～前 221 年）
1993 年洛阳西工区战国墓出土
通高 18 厘米
Painted pottery Ding with coiled hornless dragon pattern
Warring States Period (475～221BC)
Excavated from Xigong District, Luoyang, 1993
Height in all:18cm

　　扁球状，带盖。子母口，口沿下一对称附耳，三蹄形足。通体施白色粉地，以红、黑色绘制二条蟠龙纹和卷云纹图案。造型古朴，线条流畅，刻画布局浑然一体，色彩鲜艳，是彩绘陶塑中的佳作。

夏商周时期
Xia, Shang and Zhou Periods

彩绘蟠龙纹陶豆

战国时期（公元前 475～前 221 年）
1993 年洛阳东周王城遗址出土
高 28.4 厘米　口径 28 厘米
Painted pottery Dou
Warring States Period (475～221BC)
Excavated from Luoyang, 1993
Height:28.4cm　Mouth:28cm

　　敛口，浅腹，圜底，喇叭形圈足。覆盘形盖，侈口，短捉手。白陶衣上施彩绘，捉手上饰四环纹，盖面饰两龙及变形蟠龙纹，腹部饰变形卷云纹和弦纹各一周。

彩绘鱼纹陶盘

战国时期(公元前475～前221年)
1993年洛阳东周王城遗址出土
高6厘米 直径34.2厘米
Painted pottery plate with turtle and fish pattern
Warring States Period (475～221BC)
Excavated from Luoyang, 1993
Height:6cm Diameter:34.2cm

　　折沿，方唇，下腹内收，平底，通体施彩绘。腹部饰圆点纹，盘内绘蟾蜍，两侧饰两鱼，首尾相对。

"齐侯"铜盂

春秋时期(公元前770～前476年)
1957年洛阳中州大渠春秋墓出土
通高43.5厘米
Bronze Yu inscribed "qi hou"
Spring and Autumn Period (770～476BC)
Excavated from Zhongzhou Canal, Luoyang, 1957
Height in all:43.5cm

  侈口，宽折沿，鼓腹，圈足。腹上部有四个对称的回首卷尾龙形兽耳，腹部饰有两周宽大环带纹，圈足饰重环纹。这是目前洛阳地区所发现最大的一件青铜器，可称为盂中之王。其腹壁铸5行26字铭："齐侯作朕子仲姜宝盂，其眉寿万年，永保其身，子子孙孙永保用之。"这件铜盂是齐侯为其次女儿仲姜所作的陪嫁品。齐侯铜盂对研究当时周王室与诸侯之间政治联姻关系具有重要意义。

蟠龙纹莲盖铜方壶

春秋时期(公元前770～前476年)
洛阳西工区春秋墓出土
通高60.5厘米
Square bronze pot with dragon motif
Spring and Autumn Period (770～476BC)
Excavated from Xigong District, Luoyang
Height in all:60.5cm

　　椭圆形，长方形口。上带壶盖，铸造成盛开的莲瓣形，花瓣上布满镂空的小孔。长颈、垂腹、圈足，颈腹部有蟠龙纹。腹两侧有对称兽头。器型高大，纹饰精美，结构严密精巧，制作工艺繁缛，是春秋时期铜器中的佳作。

夏商周时期
Xia, Shang and Zhou Periods

"哀成叔"铜鼎

春秋时期（公元前 770～前 476 年）
1966 年洛阳西工区玻璃厂东周墓出土
高 33 厘米　口径 32.5 厘米
Bronze Ding inscribed "ai cheng shu"
Spring and Autumn Period (770～476BC)
Excavated from a tomb of the Eastern Zhou Dynasty at Luoyang Glass Factory, 1966
Height:33cm　Mouth:32.5cm

　　敛口，浅圆腹，附立耳，瘦高蹄足。腹内壁有铭文八行五十四字，记载了哀成叔出生于郑，后来游宦到周（洛阳）侍奉康公，当了家臣之事。此鼎是哀成叔死后，其家人为他做的一件葬器，目的是希望他死后永远侍奉康公。这样的长篇铭文在春秋战国时期极为少见，具有重要的史料价值。

蟠螭纹铜簠

春秋时期(公元前 770～前 476 年)
1960 年洛阳中州大渠春秋墓出土
高 19 厘米　长 33 厘米　宽 22.5 厘米
Bronze Fu with coiled serpent motif
Spring and Autumn Period (770～476BC)
Excavated from Zhongzhou Canal, Luoyang, 1960
Height:19cm　Length:33cm　Width:22.5cm

　　盖器对扣而成。盖与器形制相同，呈浅斗形，直口，平唇，斜壁折腹。曲尺形圈足，其四边中部各有一凸形缺口。盖的两短边各设一兽首形耳。通体饰蟠螭纹。是洛阳发现的春秋时期较为典型的器物。

夏商周时期
Xia, Shang and Zhou Periods

狩猎纹铜壶

战国时期(公元前 475～前 221 年)
1982 年洛阳西工区战国墓出土
通高 38.5 厘米
Bronze pot with hunting motif
Warring States Period (475～221BC)
Excavated from Xigong District, Luoyang, 1982
Height in all:38.5cm

  敞口,束颈,上鼓腹,下腹收敛,矮圈足,盖顶有四小环钮,肩侧有两铺首衔环,通体饰凤鸟纹及人与虎、豹、鹿、野牛、翼兽搏斗场面的图案。该器纹饰生动,其狩猎斗兽纹图案具有浓厚的写实特征。

铜方簋

春秋时期(公元前 770～前 476 年)
1975 年洛阳郊区春秋墓出土
通高 16 厘米　口径 14.5 厘米
Square bronze Gui
Spring and Autumn Period (770～476BC)
Excavated from Luoyang, 1975
Height in all:16cm　Mouth:14.5cm

　　呈浅斗形，方形子母敛口，腹壁斜直下折，腹两侧有乙字形兽头耳，方高圈足有折角。腹部饰一周夔龙纹，圈足饰鸟兽合体纹，均以云雷纹为地。造型别致，是春秋时期较为典型的器物。

夏商周时期
Xia, Shang and Zhou Periods

铁足铜鼎

战国时期（公元前 475～前 221 年）
1993 年洛阳道北锻造厂战国墓出土
高 21.6 厘米
Bronze Ding with iron feet
Warring States Period (475～221BC)
Excavated from Luoyang, 1993
Height:21.6cm

  敛口，浅圆腹，附耳，瘦高蹄足，圈首拱盖。其外饰凸弦纹两周，间铸三个立式环形纽。鼎为子母口，腹下部微鼓，圆底。铁足，其中一足在近腹处，较另两足粗大。外部包裹一层铜片，且在腹内和足对应的部位有补铸痕迹。鼎肩部及盖上均有修补痕迹。鼎内残存鸡骨，腹部有烟炙痕迹。铁足铜鼎的形制及铸造工艺与湖北荆州包山楚墓出土的铜鼎鼎足分铸的铸造工艺相似，具有楚器风格。对研究东周时期周王室与楚国之间的关系具有重要价值。

窃曲纹铜鼎

战国时期（公元前 475～前 221 年）
洛阳金村战国墓出土
高 60 厘米
Bronze Ding
Warring States Period (475～221BC)
Excavated from Jin Village, Luoyang
Height:60cm

敛口，圆唇，鼓腹，圜底，双附耳，三兽面蹄足，三环纽盖。腹饰变形三角窃曲纹。系典型东周青铜礼器。

夏商周时期
Xia, Shang and Zhou Periods

"王作"铜鼎

春秋时期(公元前770～前476年)
2002年洛阳西工区27中春秋墓出土
高28.2厘米 口径48.5厘米
Bronze Ding inscribed "wang zuo"
Spring and Autumn Period (770～476BC)
Excavated from a tomb of Spring & Autumn Period, Xigong District, Luoyang, 2002
Height:28.2cm Mouth:48.5cm

  敞口，圆腹，附立耳，三蹄形足。该鼎器型高大，制作考究。腹内铸"王作尊彝"，是洛阳地区目前为止发现的唯一一件有铭文记载的周王自作铜器。

跽坐人形铜灯座

战国时期(公元前 475～前 221 年)
1983 年洛阳解放路战国墓出土
高 14.3 厘米
Bronze figurine on knees
Warring States Period (475～221BC)
Excavated from Jiefang Road, Luoyang, 1983
Height:14.3cm

  人形脸尖圆,圆凸目,大鼻小嘴,垂发,头顶条框形发饰,穿紧领束胸长袍,背插短剑,赤足跽坐于方形座上,双臂抬起,双手前伸合抱擎持一双筒形灯柄,与下方板上筒形插座相对应。该器头部有发饰,身穿右衽紧身长衣,对研究战国服饰提供了实物资料。

夏商周时期
Xia, Shang and Zhou Periods

虎内带銎铜戈

战国时期(公元前475～前221年)
1988年洛阳西工区战国墓出土
长16.3厘米
Bronze Ge with tiger-shaped grip
Warring States Period (475～221BC)
Excavated from Xigong District, Luoyang, 1988
Length:16.3cm

　　短胡，弧刃，援中为浅凹槽，有"S"形纹饰，下有椭圆形銎，上有连贝纹带，内作立体卧虎形，曲身长卷尾，前爪左右抱銎，口衔援后部。

"太令"铜戈

战国时期(公元前475～前221年)
1986年洛阳伊川夜弧岭战国墓出土
长22厘米
Bronze Ge inscribed "tai ling"
Warring States Period (475～221BC)
Excavated from Yichuan County, Luoyang, 1986
Length:22cm

　　刃部较长，长弧，锋部钝尖。长方形内，有阑，阑部三穿，内部有铭文。造型规整，铭文清晰。

夏商周时期
Xia, Shang and Zhou Periods

鸟内有銎铜戈

战国时期(公元前 475～前 221 年)
1978 年洛阳栾川战国墓采集
长 13 厘米
Bronze Ge with a hole
Warring States Period (475～221BC)
Collected from Luanchuan County, Luoyang, 1978
Length:13cm

  戈援直出，上下刃有磕损。下有銎，可装柄，两侧各有一孔，銎上卧一鸟，头向援，尾向内。鸟头钩嘴瞋目。銎的两面中间有云龙纹。

"越王鼫与"铜矛

战国时期（公元前 475～前 221 年）
1988 年洛阳西工区战国墓出土
长 27.4 厘米
Bronze Mao inscribed "yue wang shi yu"
Warring States Period (475～221BC)
Excavated from Xigong District, Luoyang, 1988
Length:27.4cm

  体呈长叶状，中部有带棱隆脊。体上错金鸟篆书"鼫王者旨于易"6 字。"者旨于易"当指越王勾践之子"鼫与"。这是洛阳地区首次发现的越王兵器，对于研究东周时期周王室与越国之间的关系具有重要意义。

夏商周时期
Xia, Shang and Zhou Periods

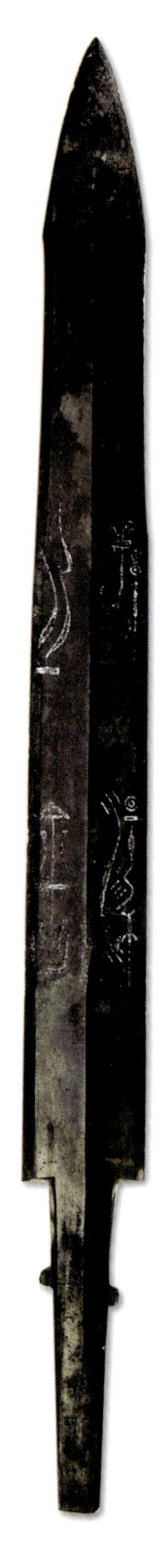

"繁阳之金"铜剑

战国时期（公元前 475～前 221 年）
1974 年洛阳西工区战国墓出土
长 45 厘米
Bronze sword inscribed "bo yang zhi jin"
Warring States Period (475～221BC)
Excavated from Xigong District, Luoyang, 1974
Length:45cm

  剑保存完好，至今仍十分锋利。剑鞘由象牙制成，剑身有错铜蚊脚书"繁阳之金"四字。"繁阳"在战国时属楚地，是古代著名产铜之地。

吴王夫差剑

春秋时期(公元前770～前476年)
1991年洛阳东周王城战国墓出土
通长48.8厘米
Bronze sword inscribed "wu wang fu chai"
Spring and Autumn Period (770～476BC)
Excavated from the Site of Capital City of the Eastern Zhou Dynasty, Luoyang, 1991
Length in all:48.8cm

  圆首,筒状茎,窄格,隆脊,尖刃。身有铭文两行,因锈蚀,仅见七字"吴王夫差其元用"。此剑形制和铭文风格同外地出土的吴王夫差剑相类,作铸时间应当是夫差在位的二十余年。

夏商周时期
Xia, Shang and Zhou Periods

三人足铜盘

战国时期(公元前 475 ～前 221 年)
1982 年洛阳解放路陪葬坑出土
高 10.6 厘米　口径 27.3 厘米
Bronze plate with three human-shaped feet
Warring States Period (475 ～ 221BC)
Excavated from Jiefang Road, Luoyang, 1982
Height:10.6cm Mouth:27.3cm

　　平沿,直口,浅腹。三足作人形跽坐状,阔鼻大口,有胡须,带平顶冠,着短袖上衣,双手合抱于腹部,双膝跪地,臀部坐于小腿之上。

提链三人足铜炉

战国时期(公元前 475 ～前 221 年)
1996 年洛阳针织厂战国墓出土
高 14 厘米　提链长 28 厘米
Bronze stove with three human-shaped feet and chain-handle
Warring States Period (475 ～ 221BC)
Excavated from Luoyang, 1996
Height:14cm　Chain Length:28cm

　　敞口，宽平直沿，直腹，平底，下设踞坐人形足。腹壁外附两环钮，上衔提链，中间连以拱形提梁，提梁两端作龙首形。在炉沿部铸有 14 瓣外侈的镂空莲瓣，莲瓣上饰兽面纹。腹部饰三角纹、卷云纹一周。

夏商周时期
Xia, Shang and Zhou Periods

透雕四龙纹铜方镜

战国时期（公元前 475～前 221 年）
1988 年洛阳西工区战国墓出土
长 11.3 厘米
Square bronze mirror with openwork and interlayer
Warring States Period (475～221BC)
Excavated from Xigong District, Luoyang, 1988
Length:11.3cm

  又称"夹层镜"。方形，小桥钮，四花钮座，镜背内区饰两两相对的四龙透雕纹饰。龙身体呈"S"形，全身饰以细小斜纹为鳞，镜缘为垂环纹，四角为环乳纹饰，正面平中心微凸。该器制作工艺精巧，纹饰内容丰富，布局别致，是青铜镜中的珍品。

嵌玻璃珠山字纹铜镜

战国时期(公元前 475～前 221 年)
1992 年洛阳西工区战国墓出土
直径 14.5 厘米
Bronze mirror with patterns of six characters "shan" and inlaid with glass beads
Warring States Period (475～221BC)
Excavated from Xigong District, Luoyang, 1992
Diameter:14.5cm

  圆形，圆钮座。该铜镜背上有六山纹装饰，山字中间坚画修长，直顶镜缘。在山字纹中间还镶嵌了 18 颗蓝、白色同心圆玻璃珠。铜镜镶嵌具有西域文化特征的玻璃珠是中西文化交流的实证。

夏商周时期
Xia, Shang and Zhou Periods

铜马

春秋时期(公元前 770 ～前 476 年)
1969 年洛阳西工区春秋墓出土
高 17.5 厘米
Bronze horse
Spring and Autumn Period (770 ～ 476BC)
Excavated from Xigong District, Luoyang, 1969
Height:17.5cm

  圆雕。马头大，颈长，躯短体矮，四足挺立。体内实心，表面无纹饰。圆雕青铜马在春秋战国时期较为罕见。

铜齿轮

战国时期（公元前 475 ～前 221 年）
1976 年洛阳西工区战国墓出土
轮径 4.2 厘米
Bronze gear
Warring States Period (475 ～ 221BC)
Excavated from Xigong District, Luoyang, 1976
Wheel Diameter:4.2cm

　　由单模铸成，中为方孔，周列斜齿 40 个，体积小，铸造比较精密，保存完好，反映出战国时期机械零件铸造的精密和进步，是一件重要的中国古代工艺实物。

In 221 BC, the State of Qin conquered the other six states and unified the country. Luoyang was made Sanchuan Prefecture under the Qin Dynasty. In the early Western Han Dynasty, Luoyang was made the capital, and later became a town of great military importance after the capital was moved to Xi'an. After Liu Xiu founded the Eastern Han Dynasty, Luoyang was made the capital again, and became the national political, economic, and cultural center. The Eastern Han Dynasty saw stable politics, prosperous economy, thriving culture and art, and frequent exchanges with other countries. Luoyang became the eastern starting point of the Silk Road, and one of the origins for the eastern civilization disseminated to the west.

Following the Eastern Han Dynasty, the regimes of Cao Wei, Western Jin and Northern Wei all made Luoyang the capital during the period of over 300 years. During the Northern Wei Dynasty, Emperor Xiaowen moved the capital to Luoyang and adopted policies of sinicization. As a result, different nationalities, cultures, religions and art forms blended with each other at Luoyang.

Archaeological discovery reveals that Luoyang, covering a total area of 100 square kilometers during Han and Wei periods, was the largest international metropolis in the world then. Its urban layout originated from the Zhou and Qin periods, and laid foundation for the later Sui and Tang dynasties, reflecting the transition of the city layout from asymmetry and irregularity in the pre-Qin period to symmetry along the central axis in the Sui and Tang dynasties. This has had epoch-making significance in the history of Chinese capital development.

汉魏时期
Han and Wei Periods

公元前221年，秦灭六国，统一天下，以洛阳为中心置三川郡。西汉初高祖刘邦都洛阳，三个月后迁长安，洛阳成为控制东方的军事重地。公元25年，刘秀建立东汉，定都洛阳，洛阳成为全国政治、经济、文化中心。东汉时期政治稳定，经济发达，文化繁荣，对外交流频繁，佛教首传洛阳，洛阳成为丝绸之路的东端起点，也是东方文化西传的源头之一。

继东汉而立的曹魏、西晋、北魏王朝均定鼎洛都，历时300多年。北魏时期，孝文帝迁都洛阳，力行汉化政策，洛阳成为民族、文化、宗教、艺术融汇的中心。

考古发现表明，汉魏洛阳城是当时世界上面积最大的国际大都会，总面积约100平方公里。其城市布局上承周秦，下启隋唐，体现出从先秦的非对称性、不规则布局向隋唐中轴对称性严谨里坊布局过渡的都城规划建设特点，在中国都城发展史上具有划时代的意义。

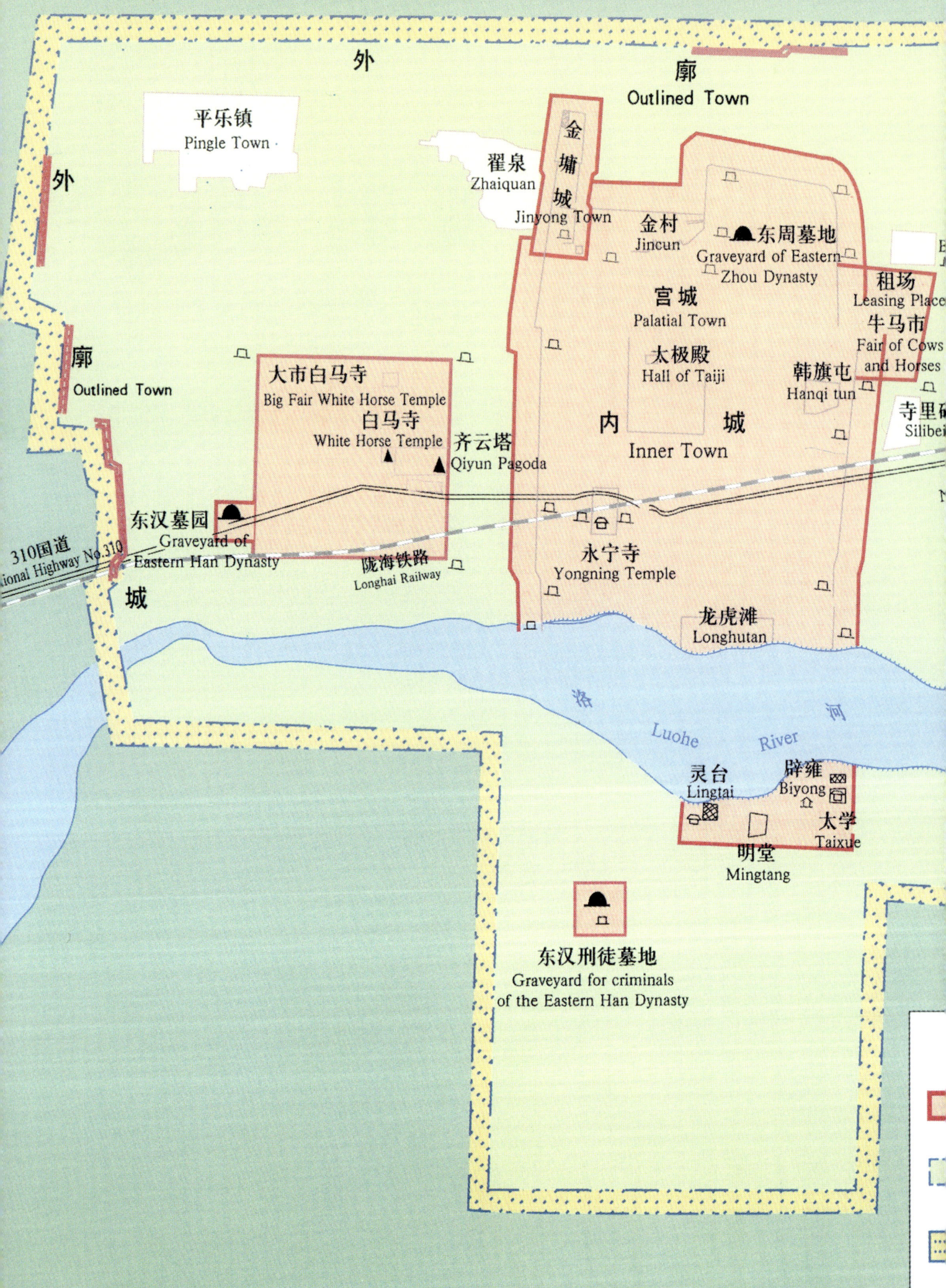

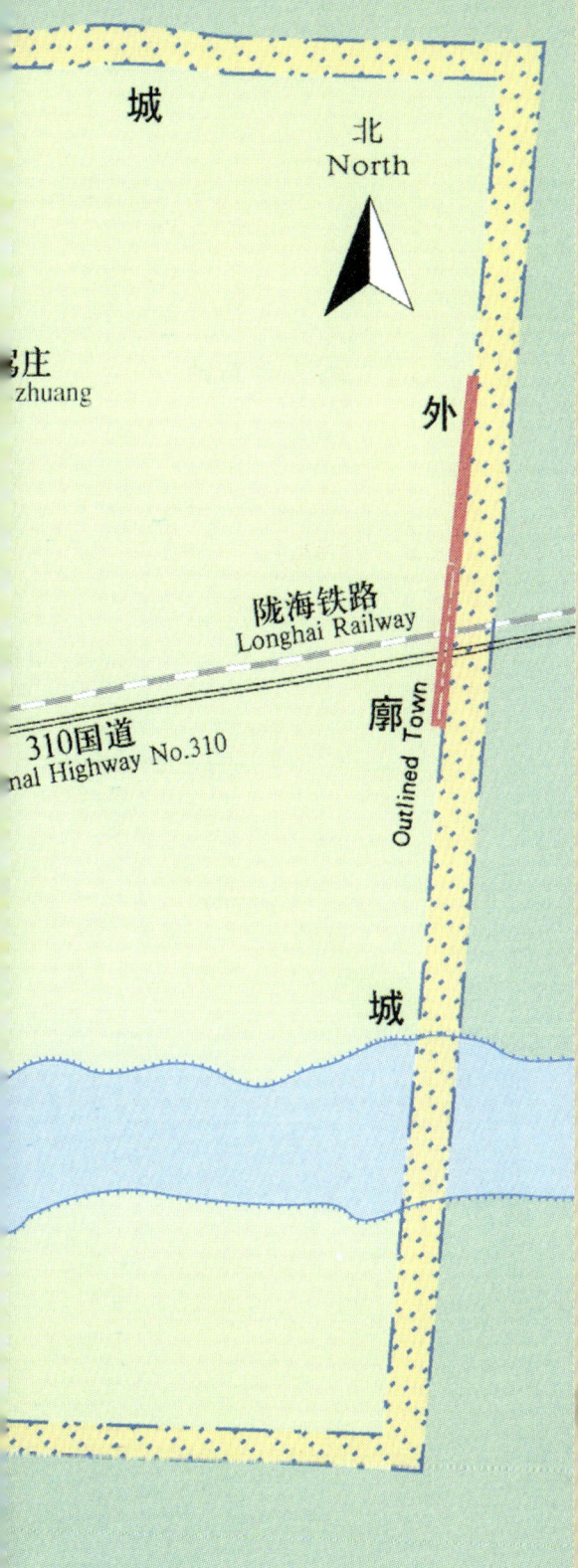

汉魏洛阳故城保护范围图

　　汉魏洛阳故城位于今洛阳市以东15公里处。北依邙山，南逾洛河，是东汉、曹魏、西晋、北魏四代的国都。汉魏洛阳故城是我国建都时间最长、所属朝代最多的古代都城遗址之一，城址总面积约100平方公里，是中国乃至世界上面积最大的古代都城遗址。汉魏洛阳故城因历代相沿用而叠加修葺，城市形制变化较大，集中展现了各代都城的布局特点及基本历史风貌。其历史之悠久，内涵之丰富，在古代都城中是极为罕见的，已被列入《世界文化遗产预备名单》。

图 Legend

 重点保护区 Major Protection Zone		古代建筑 Ancient Structures
一般保护区 General Protection Zone		墓葬区 Graveyard
建设控制地带 Construction-Restrictive Zone		标志碑 Marker

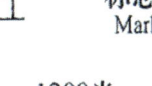
0　　　　1200米

东汉时期

（公元 25 ~ 220 年）

东汉时期

公元 25 年，刘秀称帝建立东汉，定都洛阳。这一时期庄园经济繁荣，国都洛阳宫阙壮丽，街市繁华，四方学士云集，名师大儒荟萃，许多影响世界的科技发明在洛阳应运而生。班超出使西域，重新打通并拓展了丝绸之路；佛教东渐，中国第一座官办佛教寺院——白马寺在洛阳建立，成为中国佛教传播中心；洛阳太学时为世界上规模最大的"皇家大学"；道教在洛阳形成；今古文经学并列设立，相互激荡，促进了儒学的进一步发展；张衡发明地动仪、浑天仪；蔡伦改进造纸术；班固作《汉书》；许慎编著《说文解字》，帝都文教科技呈现前所未有的繁荣局面。

东汉经济文化的繁荣超过了以前的任何时期，洛阳不仅是全国政治、经济、文化的中心，也是当时世界上享有盛誉的国际大都市。

洛阳东汉皇陵统计表

皇陵名称	所处位置
光武帝原陵	孟津白鹤乡铁谢村的黄河南岸
明帝显节陵	洛河南岸
章帝敬陵	偃师高隆一带
和帝慎陵	偃师高隆一带
殇帝康陵	偃师高隆一带
安帝恭陵	孟津三十里镇村南
顺帝宪陵	孟津三十里镇村南
冲帝怀陵	孟津三十里镇村南
质帝静陵	偃师高隆一带
桓帝宣陵	偃师高隆一带
灵帝文陵	孟津护驾庄西南

汉魏时期
Han and Wei Periods

石辟邪

东汉(公元 25～220 年)
1992 年洛阳孟津汉光武帝陵南出土
长 2.9 米　高 1.9 米
Stone Bi Xie
Eastern Han Dynasty (25～220AD)
Excavated from Mengjin County, Luoyang, 1992
Length:2.9cm　Height:1.9cm

　　辟邪为东汉陵墓神道石刻,身若虎豹,头类狮子,张口锐齿,长舌外伸,身生双翼,昂首怒目,长尾拖地,双角直竖,似有腾空欲飞之感。这件石辟邪系一块完整青石雕成,身体比例、神态、肌肉线条恰到好处,整个形象浑厚凝重、神气十足,创作富有想象力,反映了东汉时期的升仙思想,体现出了汉代的石雕技艺已达到炉火纯青的境界。

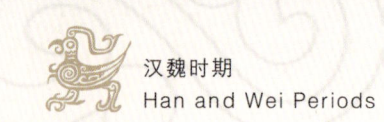

汉魏时期
Han and Wei Periods

"关"瓦当

汉代（公元前221～公元220年）
1998年汉魏洛阳故城出土
直径14～16厘米
Tile-end triple molding with "guan" script
Han Dynasty (221BC～220AD)
Excavated from the Luoyang city of the
Han and Wei Dynasties, 1998
Diameter:14～16cm

　　圆形，中有阳文"关"字，表明其为汉函谷关特制的建筑构件。秦汉时设关多处，函谷关是洛阳至关中之间诸关中最重要的关隘。该遗址还出土了大量的板瓦和筒瓦，并发现了仓库建筑遗址，证明汉函谷关是一处起于南山，横跨洛水，北至黄河的南北方向"散关障"防御体系。

龟座石灯

东汉（公元 25～220 年）
洛阳市郊机车厂汉墓出土
通高 40.6 厘米
Stone lantern with a turtle-shaped base
Eastern Han Dynasty (25～220AD)
Excavated from Luoyang Locomotive Factory
Height in all:40.6cm

龟伏于方形底板上，背驮灯柱，柱上雕有朱雀等神兽与人物。柱上有盏。造型规整，雕工精细。

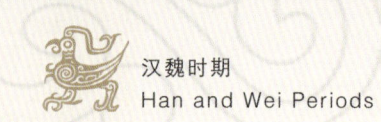

汉魏时期
Han and Wei Periods

石雕盘龙砚

东汉（公元 25 ～ 220 年）
1989 年洛阳偃师窑头砖场汉墓出土
高 10.9 厘米　直径 13.2 厘米
Stone inkstone
Eastern Han Dynasty (25 ～ 220AD)
Excavated from Yanshi, Luoyang, 1989
Height:10.9cm Diameter:13.2cm

　　龙盘绕，后足匍匐。盖四周阴刻斜线纹，盖内有一凹窝。砚身研面平坦，周边略低，与盖部吻合，底为三熊足。造型生动古朴，为汉砚中佳品。

熹平石经残块

东汉（公元 25～220 年）
洛阳偃师汉魏太学遗址出土
长 15 厘米
The classics on the stone stele(part) in Xiping reign
Eastern Han Dynasty (25～220AD)
Excavated from the Site of the Imperial College of the Han and
Wei Dynasties, Yanshi, Luoyang
Length:15cm

　　青石质，整体呈不规则四边形。隶书体。东汉熹平四年（公元 175 年），大学者蔡邕等诸儒得到汉灵帝诏准，由蔡邕等以隶书八分体刻立石碑 46 块，立于东汉太学门前，史称"熹平石经"或"一体石经"。石经的内容包括《尚书》《周易》《春秋》《公羊传》《鲁诗》《仪礼》《论语》等七种儒家经典。"熹平石经"是现存我国最早的一部石刻文献，是中国历史上最早官定的儒家经本。

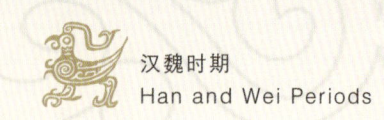

汉魏时期
Han and Wei Periods

绿釉陶楼

东汉（公元 25 ～ 220 年）
洛阳出土
高 74 厘米
Green glazed pottery tower
Eastern Han Dynasty (25 ～ 220AD)
Excavated from Luoyang
Height:74cm

　　陶质，通体施绿釉。整体为前院后楼，院呈长方形，三面围墙，后连三层阁楼，院墙左上有一棚，右后有弧形梯。二楼左、右、前有回廊，后边一人站立，上有四面坡式顶楼，楼四角均有叶状饰。此楼为我国古代建筑的研究提供了重要的实物资料。

绿釉陶院

东汉（公元 25 ~ 220 年）
1961 年洛阳出土
通高 23.5 厘米
Green glazed pottery courtyard
Eastern Han Dynasty (25 ~ 220AD)
Excavated from Luoyang, 1961
Height in all:23.5cm

　　泥质红陶，通体绿釉。长方形院落。四周有墙。院内有廊房、楼阁、猪圈、磨房等。廊房有两排，均为双坡屋顶，前排廊房搭前墙而建，后排廊房居院中，横贯左右，将整个院落分前后两院，中间设门相通。楼阁两屋，分建前后院，靠左墙，两层两面坡顶。磨房、猪圈靠右墙，猪圈居后院，磨房居后廊房内，且二者相通。一羊卧于后院楼房后。前墙上开有一方形门。该器物为汉代庭院建筑的缩影。

汉魏时期
Han and Wei Periods

釉陶博山炉

东汉（公元 25 ~ 220 年）
2004 年洛阳王城公园东汉墓出土
通高 28.2　盘径 12.2 厘米
Glazed pottery incense burner
Eastern Han Dynasty (25 ~ 220AD)
Excavated from a tomb of the Eastern Han Dynasty, Luoyang, 2004
Height in all:28.2cm Plate Diameter:12.2cm

　　博山炉分上下层。下层为一浮雕虎形座，虎作侧头咬盘状。虎背驮柱盘，盘柱中部浮雕菱形纹。上层为镂空浮雕执钺力士、豪猪、凤、虎、蛇的山峦形炉盖。其中力士左手按住豪猪颈部，右手执钺举过头顶，怒目圆睁，正欲砍向豪猪。釉陶博山炉在洛阳汉墓中少见发现。

东汉时期 · 文物精粹

166 … 167

汉魏时期
Han and Wei Periods

两面坡式陶作坊

东汉(公元 25 ~ 220 年)
1972 年洛阳黄河冶炼厂汽油库汉墓出土
高 31.5 厘米　宽 35 厘米
Pottery workshop with jerkinhead roof
Eastern Han Dynasty (25 ~ 220AD)
Excavated from a tomb of the Eastern Han Dynasty, Luoyang, 1972
Height:31.5cm Width:35cm

　　作坊为平台悬山式房屋，三面有墙，内有案、炉、瓮、罐、盆、耳杯、壶、臼等 62 件器皿和工具。较完整地反映了汉代建筑风格及制陶作坊内部的布局。

两面坡式陶作坊

东汉（公元 25 ～ 220 年）
1972 年洛阳市人汽宿舍汉墓出土
高 55.7 厘米
Pottery workshop with jerkinhead roof
Eastern Han Dynasty (25 ～ 220AD)
Excavated from a tomb of the Eastern Han Dynasty, Luoyang, 1972
Height:55.7cm

  两坡式屋顶，室内左边有一灶，灶上有一釜，釜上方墙上有一搁板。背墙偏右处有一个三层陶柜。右墙处有一水槽，槽上有转轮。为研究我国汉代时期的房屋建筑、手工业等方面提供了重要的实物资料。

汉魏时期
Han and Wei Periods

陶风车与米碓

东汉（公元 25～220 年）
1971 年洛阳郊区关林汉墓出土
高 18.5 厘米

Grey pottery windmill and Rice pounder
Eastern Han Dynasty (25～220AD)
Excavated from a tomb of the Eastern Han Dynasty, Luoyang, 1971
Height:18.5cm

东汉风扬谷物的模型。由高栏、车厢、杵、碓架和衬盘各部分组成。风车有一装卸粮食用的长方漏斗形高栏，栏的两侧各有两个斜腿，便于装卸粮食和固定高栏的位置。风箱为长方形，左端两壁上做有圆形孔洞，用于安装风扇和曲轴，风车正面的中间下部，有一长方形出粮口。风箱六尾无档，是出灰尘糠窝之口。风车前面有米碓，其左边为一外方内圆的白窝，杵在其中，杵的右端被架在杵架上。此风车与米碓制作科学，功能齐全，说明东汉时期风车构造已发展到成熟阶段，陶风车模型是研究我国古代农业机械史的重要实物资料。

浮雕神兽纹灰陶井栏

东汉（公元 25～220 年）
1981 年洛阳郊区采集
高 12.2 厘米
Grey pottery railing of well with relief mythological creature-pattern
Eastern Han Dynasty (25～220AD)
Collected from Suburb, Luoyang, 1981
Height:12.2cm

长方体，四面有浮雕兽纹，分别为虎、翼兽、狮熊相搏及独角兽。井栏四缘凸出。下部一边伸出一平板，上饰鱼、龟、刀纹。

汉魏时期
Han and Wei Periods

彩绘虎纹陶方盒

东汉（公元 25～220 年）
1985 年洛阳郊区汉墓出土
长 39 厘米

Square painted pottery dressing He with tiger-shaped pattern
Eastern Han Dynasty (25～220AD)
Excavated from a tomb of the Eastern Han Dynasty, Luoyang, 1985
Length:39cm

　　上部为梯形，下为长方体，均施粉地。上部以褐红色粗线饰云气纹，下方形面亦饰褐红色粗线条铺首衔环。主题纹饰为一奔走的猛虎。

彩绘陶博山炉

东汉（公元 25～220 年）
1953 年洛阳西工区汉墓出土
高 22 厘米
Painted pottery incense burner
Eastern Han Dynasty (25～220AD)
Excavated from Luoyang, 1953
Height:22cm

炉似豆形，下有托盘，炉盖似山形分两层。上层盘踞一龙，口中衔蛇。下层饰虎、豹、蛇、怪兽及人的形象。施有红、黑彩绘。釉色鲜艳，造型奇特，极富时代性。

汉魏时期
Han and Wei Periods

"梁米粟万" 陶仓

东汉（公元 25～220 年）
1974 年洛阳金谷园汉墓出土
高 44 厘米

Pottery granary written "liang mi su wan"
Eastern Han Dynasty (25～220AD)
Excavated from a tomb of the Eastern Han Dynasty, Luoyang, 1974
Height:44cm

　　小碗形盖，折肩，深直腹，平底，下部一小孔。白粉隶书"梁米粟万"四个字。汉代人推崇"事死如事生"的思想，认为冥间和人世是一样的。现实生活中实有的，都用陶制明器展现出来，并在仓、壶、罐上书写"口口万石"等吉祥文字带进墓内。这些随葬品，反映出了汉人注重追求"死后还生"的丧葬观和对人生的重视和期望，再现了汉代的信俗及现实生活。

陶六博案

东汉(公元 25～220 年)
洛阳嵩县吴村出土
长 23.6 厘米
Pottery chopping board with gaming scene
Eastern Han Dynasty (25～220AD)
Excavated from Wu Village, Song County, Luoyang
Length:23.6cm

　　呈正方形，四足。器面刻棋谱。做工细致。刻画详明。六博案是汉人六博之戏所用的棋盘，六博为汉代盛行的一种智力游戏。弈者将六枚"箸"投于枰上，视所得筹数决定自己在棋盘上的行路，可两人对弈，亦可四人对弈。

汉魏时期
Han and Wei Periods

彩绘狩猎纹陶壶

东汉（公元 25～220 年）
1974 年洛阳西工区出土
高 44 厘米
Painted pottery pot with hunting scene
Eastern Han Dynasty (25～220AD)
Excavated from Xigong District, Luoyang, 1974
Height:44cm

　　敞口，无盖，长颈，圆腹，平底假圈足。肩部有两铺首。全身粉地，以红、黑二色绘制四组花纹，主题纹饰为狩猎纹，图中有骑马狩猎者二人，一人弯弓搭箭，射一犀牛；一人举弩待发，瞄准猛虎。间有奔跑于原野的鹿和飞翔在彩云之中的大雁各一对。布局浑然一体，色彩斑驳陆离。

彩绘四神纹陶壶

东汉(公元 25 ～ 220 年)
1980 年洛阳道北汉墓出土
通高 46.5 厘米

Painted pottery pot with design of the mythical animals of four directions
Eastern Han Dynasty (25 ～ 220AD)
Excavated from a tomb of the Eastern Han Dynasty, Luoyang, 1980
Height in all:46.5cm

　　拱形盖,敞口,长颈,圆腹,圈足。全身以白粉地,以红、黑绘制花纹五组,第一、二、五组为红色锯齿纹,第三组为红蓝色,第四组绘青龙、白虎、朱雀四神纹,是彩绘陶壶中少见的珍品。

汉魏时期
Han and Wei Periods

彩绘三人倒立杂技俑陶樽

东汉（公元 25～220 年）
1972 年洛阳涧西区汉墓出土
通高 24 厘米

Three pottery acrobats standing upside down on Zun vessel
Eastern Han Dynasty (25～220AD)
Excavated from Jianxi District, Luoyang, 1972
Height in all:24cm

  樽圆形，深腹，平底，三足。三人倒立于圆樽之上，两人手按樽沿，倒立，一腿弯曲上伸，一腿相交为拱形成为底座，另一人倒立于底座之上。该器物真实地再现了当时杂技表演的高超技巧。

彩绘人物纹陶樽

东汉（公元 25～220 年）
1972 年洛阳西工区汉墓出土
通高 18.3 厘米
Painted pottery dressing Zun with figurine pattern
Eastern Han Dynasty (25～220AD)
Excavated from a tomb of the Eastern Han Dynasty, Luoyang, 1972
Height in all:18.3cm

  圆形，深腹，平底，三足。内外涂粉红彩。外壁上下饰云气纹，中部绘五棵低矮曲枝树和五人。其中一人舞动长袖，四人盘脚静坐。

汉魏时期
Han and Wei Periods

彩绘陶百花灯

东汉（公元 25 ～ 220 年）
1972 年洛阳涧西区东汉墓
通高 92 厘米
Painted pottery lamp with floral design
Eastern Han Dynasty (25 ～ 220AD)
Excavated from Jianxi District, Luoyang, 1972
Height in all:92cm

  分为上下两部分。上部分为灯柱和枝杆：灯柱中间分三层，各伸出四支曲枝以承托灯盏；在曲枝接近灯柱的部位端坐一羽人，灯盏下面的曲枝上有一柿蒂形花叶和一卧蝉；灯盏口沿有火焰形花饰；灯柱下端有一圆盘，盘沿上插有四支龙形饰，龙尾坐一羽人。灯的下部为象征山峦的喇叭形灯座，座身自下而上分为四层，塑有猫、羊、狗、虎、鹿、猴等动物形象。通体涂白粉，绘以红、黑彩绘。造型优美，形象生动，反映了当时制陶工艺的发达。这件陶灯出土时，其西北围绕着半圈舞乐、杂技俑，这些在华灯高照和乐队伴奏下的舞蹈和杂技表演，形象地再现了汉代百戏精彩热烈的场面。

东汉时期・文物精粹

180 … 181

汉魏时期
Han and Wei Periods

彩绘云气纹陶盒

东汉（公元 25～220 年）
1991 年洛阳吉利区炼油厂汉墓出土
高 25 厘米
Painted pottery He with floating cloud design
Eastern Han Dynasty (25～220AD)
Excavated from Luoyang, 1991
Height:25cm

　　圆形，蒙古包形盖，顶中一圆孔。盖饰彩绘，顶饰红、白两色柿蒂花纹，下饰两组红地白云气纹。造型规整，纹饰流畅，色彩鲜艳。

长袖舞女陶俑

东汉（公元 25～220 年）
1965 年洛阳西工区东汉墓出土
高 15 厘米
Painted pottery female dancer
Eastern Han Dynasty (25～220AD)
Excavated from Luoyang, 1965
Height:15cm

　　头梳四髻，长袖前后舞动，双足作弓步，右足后伸，左足前方踏一小鼓。通体彩绘，再现了汉代踏鼓舞表演的艺术形象。

汉魏时期
Han and Wei Periods

七盘舞女陶俑

东汉（公元 25～220 年）
1972 年洛阳涧西区七里河汉墓出土
女俑高 12.8 厘米
Painted pottery female dancer
Eastern Han Dynasty (25～220AD)
Excavated from Luoyang, 1972
Female Dancer Height:12.8cm

  头梳双髻，穿长袖舞衣，腰系短裙，着长笼裤，身前倾，双足弓步，作舞蹈状。前置六个小盘鼓，左脚踏一盘鼓，势欲前跃。七盘舞是汉代著名的舞蹈表演节目。汉代的盘舞，多言为"七盘"，但亦有不言盘数的。实际上鼓和盘的数量差别很大，可随舞者的技术及舞的方式而增减。有的仅有一鼓，有的盘、鼓数量可多至八九件。七盘舞以盘为主，鼓为陪衬，盘舞中兼踏鼓以为节。舞者于其上用双足踏以节拍。其排列方式也各不相同，舞者有男、女、单、双、集体。共同特征是舞蹈表演者要在排列有序的盘、鼓之间，蹈踏盘、鼓作舞。该俑再现了七盘舞表演的形象。

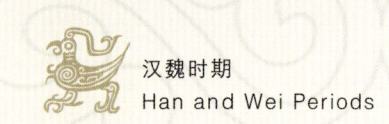

汉魏时期
Han and Wei Periods

彩绘陶舞蹈男胡俑

东汉（公元 25～220 年）
1965 年洛阳西工区出土
高 16.5 厘米
Painted pottery male dancer of Hu people
Eastern Han Dynasty (25～220AD)
Excavated from Luoyang, 1965
Height:16.5cm

　　上身裸露，下着宽大裤，两手上举，一足着地，一足上抬，作踏地跳跃状。造型生动。

滑稽陶俑

东汉（公元 25～220 年）
1954 年洛阳防洪渠二段汉墓出土
高 11.3 厘米

Painted pottery clown
Eastern Han Dynasty (25～220AD)
Excavated from the Han tomb of flood control channel's 2nd section, Luoyang, 1954
Height:11.3cm

　　发髻挽于头顶，额头宽大有皱纹。深目高鼻，颧骨突出，张口伸舌，上身裸露。下穿肥长裤，股部上凸。腹部腆出，右手下垂，开掌下压，左手上曲捂耳。整体呈黑色。该俑系东汉百戏表演俑之一。造型别致，形象生动，有很强的艺术感染力。

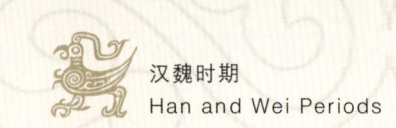

汉魏时期
Han and Wei Periods

彩绘伎乐陶俑

东汉（公元 25～220 年）
2000 年洛阳吉利区炼油厂汉墓出土
Painted pottery musicians and dancers
Eastern Han Dynasty (25～220AD)
Excavated from a tomb of the Eastern Han Dynasty, Luoyang, 2000

通体彩绘，有吹奏俑、伴唱俑和俳优俑三种。三件吹奏俑，双手握乐器作吹奏状；五件伴唱俑，一手抬起作和声状；俳优俑头梳双髻，露齿微笑，面部丑陋，上身裸露，下着喇叭裤，右腿半弓着地，左腿抬起，作滑稽表演状。该组彩绘伎乐俑造型夸张，妙趣横生，是同时期陶伎乐俑的代表之作。

彩绘倒立陶俑

东汉（公元 25～220 年）
1954 年洛阳防洪渠汉墓出土
高 10.1 厘米
Painted pottery acrobat
Eastern Han Dynasty (25～220AD)
Excavated from the Han tomb of flood control channel, Luoyang, 1954
Height:10.1cm

俑呈翻腿倒立状，双臂撑直，两手握杠。杠上有一穿孔。头梳平髻，上仰前视，双腿并折。腰部呈弓形状。下身涂彩，杠带绿彩。该俑造型别致，形象生动，反映了汉代杂技表演的高超技巧。

汉魏时期
Han and Wei Periods

彩绘骑羊射箭陶俑

东汉（公元 25～220 年）
1954 年洛阳防洪渠汉墓出土
高 10.5 厘米
Painted pottery figurine shooting arrow on the sheep
Eastern Han Dynasty (25～220AD)
Excavated from the Han tomb of flood control channel, Luoyang, 1954
Height:10.5cm

　　羊为静立状，四腿较短，羊角肥大弯曲，背上有长方形垫子，俑骑坐于垫上。俑头顶挽高髻，仰脸，右臂弯曲，左臂前伸作射击状。羊为白色，俑为红色。人物骑羊动感突出，是汉代百戏俑之一。骑羊演艺，反映了东汉杂技艺术的发展特征。

彩绘骑象陶俑

东汉(公元 25～220 年)
1954 年洛阳防洪渠汉墓出土
高 10.3 厘米
Painted pottery figurine on the elephant
Eastern Han Dynasty (25～220AD)
Excavated from the Han tomb of flood control channel, Luoyang, 1954
Height:10.3cm

象为静立状，背有一男俑屈膝而跪。俑头戴冠，双手扶膝，低首作祈祷状。俑饰彩绘，象为白色，俑为红色。

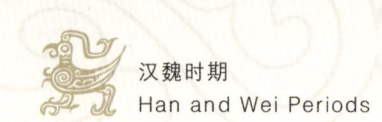

汉魏时期
Han and Wei Periods

彩绘云气纹陶长方盒

东汉(公元 25～220 年)
1991 年洛阳吉利区炼油厂汉墓出土
长 44.2 厘米
Painted pottery dressing He rectangular shape with floating cloud design
Eastern Han Dynasty (25～220AD)
Excavated from Jili Refinery, Luoyang, 1991
Length:44.2cm

　　长方形。盖上部呈梯形，顶中间饰红地白波浪纹，盖上部斜壁及盖、直壁上饰红、白二色云气纹。盖下部饰连续红点纹。

彩绘陶鸳鸯

东汉(公元 25～220 年)
洛阳汉墓出土
高 29.2 厘米
Painted pottery mandarin ducks
Eastern Han Dynasty (25～220AD)
Excavated from a tomb of the Eastern Han Dynasty, Luoyang
Height:29.2cm

鸳鸯成对,呈卧状。昂首,直颈,弧腹,短尾。鸳上有彩绘。

汉魏时期
Han and Wei Periods

彩绘卷云纹茧形陶壶

东汉（公元 25 ～ 220 年）
洛阳出土
高 27 厘米　口径 13 厘米
Painted pottery pot in cocoon shape with floating cloud design
Eastern Han Dynasty (25 ～ 220AD)
Excavated from Luoyang
Height:27cm Mouth:13cm

　　圆口，尖唇，宽沿，细颈，鸭蛋形腹，圈足。腹部绘有白色云纹。茧形壶造型别致，制作精美。

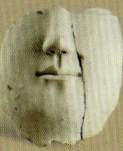

彩绘镇墓陶瓶

东汉（公元 25～220 年）
洛阳偃师汉墓出土
Painted pottery dressing vase
Eastern Han Dynasty (25～220AD)
Excavated from a tomb of the Eastern Han Dynasty, Luoyang

　　瓶肩与腹的分界较显著，腹近圆而高。在腹部周壁有朱书。镇墓瓶也称镇墓罐，是中国古代墓葬中比较常见的随葬物，流行于东汉中后期，一直沿用至魏晋时期。瓶内一般装有面粉、粟粒、云母片等所谓的"神药"，镇墓文字多用朱色或墨色直接书写在腹部，一般的行文规律是竖行自右而左书写，其作用主要是以文告的形式，告诫地下鬼怪不能对死者进行侵扰，让死者不可对生人家宅作祟。镇墓瓶上的镇墓文字数不等，多者百余字，少者仅数字，是东汉中后期道教盛行的产物。

汉魏时期
Han and Wei Periods

草叶纹釉陶罐

东汉（公元 25～220 年）
1995 年洛阳市吉利区大化纤工程汉墓出土
高 19.6 厘米

Glazed pottery jar with grass-leaf pattern
Eastern Han Dynasty (25～220AD)
Excavated from a tomb of the Eastern Han Dynasty, Luoyang, 1995
Height:19.6cm

　　小口，厚圆唇，丰肩，弧腹下收，大平底，肩部饰有四组横置的白色"S"形草叶纹。

酱褐釉网格纹四系瓷罐

东汉（公元 25～220 年）
1953 年洛阳市郊烧沟汉墓出土
高 22 厘米
Dark brown glazed porcelain jar with four loops and net design
Eastern Han Dynasty (25～220AD)
Excavated from a tomb of the Eastern Han Dynasty, Luoyang, 1953
Height:22cm

　　直口，圆肩，鼓腹，腹上部有四个等距离扁形耳，耳部饰凸棱一周，肩、腹部饰细布纹。施酱褐釉。造型古朴，制作精细，为汉代瓷器中少见。

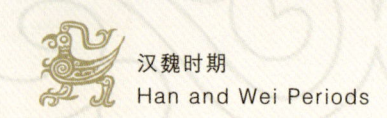
汉魏时期
Han and Wei Periods

斗兽纹绿釉陶壶

东汉（公元 25～220 年）
洛阳出土
高 44.5 厘米
Green glazed pottery pot with fighting animals design
Eastern Han Dynasty (25～220AD)
Excavated from Luoyang
Height:44.5cm

  侈口，束颈，圆肩，深腹，平底，假圈足。外表施深绿釉，肩部一周半浮雕斗兽纹图案，以两个对称的衔环铺首为界分为两部分，一是熊面人与狮形兽相斗的场面，一是骑马者拉弓射兽的场面。斗兽是汉代百戏中的一种，演员在表演时要化装，戴上假面具。此壶浮雕中的斗兽者皆有假面具。浮雕斗兽纹在汉代出土文物中比较罕见。该壶绘画形象而富有生气，釉色清新明亮，光彩照人，是低温铅釉陶器中的精品。

汉魏时期
Han and Wei Periods

黄釉熊足陶樽

东汉（公元 25～220 年）
1972 年洛阳西工区汉墓出土
高 38.5 厘米
Yellow glazed pottery Zun with bear-shaped feet
Eastern Han Dynasty (25～220AD)
Excavated from Luoyang, 1972
Height:38.5cm

通体施黄釉。直口，直壁，平底，三熊足。腹部饰细线雕刻的凤鸟、虎及云气纹。

赭黄釉博山盖圆陶樽

东汉（公元 25 ～ 220 年）
洛阳汉墓出土
高 28.2 厘米
Sienna glazed pottery Bo Shan dressing Zun in round shape with lid
Eastern Han Dynasty (25 ～ 220AD)
Excavated from Luoyang
Height:28.2cm

圆形，通体施赭黄色釉。盖呈博山形，表面饰流动云纹。

汉魏时期
Han and Wei Periods

双系青瓷罐

东汉(公元 25 ～ 220 年)
1992 年洛阳饮食服务公司东汉墓出土
高 20.5 厘米
Celadon jar with two loops
Eastern Han Dynasty (25 ～ 220AD)
Excavated from a tomb of the Eastern Han Dynasty, Luoyang, 1992
Height:20.5cm

　　敞口,折沿,束颈,肩部附二耳,鼓腹,矮假圈足,平底。器物表面施釉均匀。颈上、下部饰水波纹及弦纹两周。肩部饰三组弦纹,上面二组弦纹间填饰四组对鱼图案。腹下部饰弦纹数周,施褐红釉。

双系青瓷罐

东汉（公元 25～220 年）
1992 年洛阳饮食服务公司墓葬出土
高 32 厘米
Celadon jar with two loops
Eastern Han Dynasty (25～220AD)
Excavated from Luoyang, 1992
Height: 32cm

通体浑圆，敛口，折沿，圆腹，平底。腹上部附一对兽形耳。饰弦纹四周，上面三周弦纹间填饰两组卷云纹。腹上部和口沿内壁施青色釉，色泽鲜明，腹下部为暗红色。

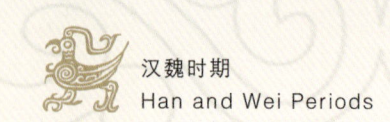

汉魏时期
Han and Wei Periods

龟形铜水注

东汉（公元 25～220 年）
1988 年洛阳新安电厂工地出土
高 45 厘米
Bronze water dropper in the shape of turtle
Eastern Han Dynasty (25～220AD)
Excavated from Xin'an County, Luoyang, 1988
Height:45cm

  龟爬行状，头直伸微抬，口衔一耳杯。背有曲形长蛇，龟背中心有一小孔通龟腹，腹空，可盛水。龟口有一小孔可注水入杯中。该水注造型生动，设计合理，构思巧妙。

兽形铜水注

东汉(公元 25 ～ 220 年)
1974 年洛阳偃师蔡庄乡采集
长 16 厘米
Bronze water dropper in the shape of beast
Eastern Han Dynasty (25 ～ 220AD)
Collected from Yanshi, Luoyang, 1974
Length:16cm

　　暗绿色，兽头张口露齿，两眼圆睁，口衔耳杯，腹空，背部有一圆孔，插圆环形盖，器身有凸起的羽毛，四爪纹饰清晰，器身前后各有一小蟾蜍。

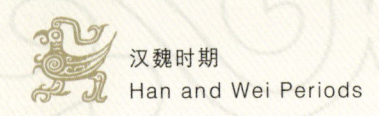

汉魏时期
Han and Wei Periods

鎏金铜羽人

东汉（公元 25～220 年）
1987 年洛阳汉墓出土
通高 15.5 厘米

Gilt bronze figurine of a winged man
Eastern Han Dynasty (25～220AD)
Excavated from a tomb of the Eastern Han Dynasty, Luoyang, 1987
Height in all:15.5cm

　　羽人通体鎏金，长脸、深目、高鼻、阔嘴、修眉，颧骨隆起，大耳出颠，长发后翘，肩背生翼。踞坐状，身向前伸，穿一无领紧袖交襟长衣，两手捧方形与圆形管座。汉代把羽人也称为仙人或真人，是栖息于山上并能飞升的一种神人。鎏金铜羽人的出现反映了当时道教思想的盛行。

鎏金凤首铜带钩

东汉（公元 25～220 年）
洛阳出土
长 7 厘米
Gilt bronze belt hook with phoenix head design
Eastern Han Dynasty (25～220AD)
Excavated from Luoyang
Length:7cm

　　以凤鸟头作钩，钩体饰羽毛纹，钩背一钮，呈圆形，饰缠枝花草纹。造型生动，构思新颖，做工精细且有鎏金。

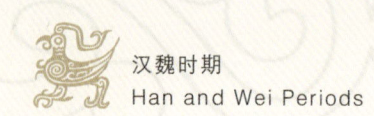
汉魏时期
Han and Wei Periods

镂空铜方炉

东汉（公元 25～220 年）
洛阳金谷园西路 24 号招待所汉墓出土
高 14.2 厘米　长 18.2 厘米
Square bronze burner with openwork lace
Eastern Han Dynasty (25～220AD)
Excavated from a tomb of the Eastern Han Dynasty, Luoyang
Height:14.2cm Length:18.2cm

　　炉体长方形。直腹，平底，身与底均有 24 个长方形镂孔。四兽形足，腹底连铸一长条形出灰道。下承折沿、浅腹、平底长方形盘。炉沿上接镂空花边，上承一铜耳杯，杯呈舟形，两侧有銴，浅腹，平底。铸工工整，装饰较精美。

铜雁足灯

东汉（公元 25～220 年）
洛阳偃师高龙乡石牛沟村出土
高 24.4 厘米
Bronze lamp with wild goose foot shaped
Eastern Han Dynasty (25～220AD)
Excavated from Shiniugou Village, Gaolong Township, Yanshi, Luoyang
Height:24.4cm

　　由灯台、灯盘两部分组成。烛盘为平口，折沿卷唇，盘中心有一高约 1 厘米的烛杆，烛盘下方由三支弧形圆柱支撑，集于圆形灯轴之上，轴的中间有凸弦纹箍一道，其下为一雁足，踏于一前宽后窄的椭圆底座上。底部中心有一圆撑，嵌入底盘的圆印内。底盘为平口，折沿，盘面稍近圆心处有一凹圈纹，略低于盘面。

汉魏时期
Han and Wei Periods

铜灯

东汉（公元 25～220 年）
2002 年洛阳火车站西汉墓出土
通高 12 厘米
Bronze lamp
Eastern Han Dynasty (25～220AD)
Excavated from the Han tomb at Luoyang Railway Station, 2002
Height in all:12cm

　　铜灯由灯盘、铜人和底座三部分分别铸造，后焊接而成。灯盘扁平状、下有一柄。铜人头微抬，两眼上视，长发后垂翘起，右臂伸出擎灯，左臂下垂，手扶膝，单膝跪于案上，案面长方形，下设四足。造型别致。

鎏金铜龙首柄

东汉（公元 25～220 年）
1981 年洛阳偃师寇店乡西庞村砖厂出土
长 14.8 厘米
Gilt bronze handle with dragon-head shaped
Eastern Han Dynasty (25～220AD)
Excavated from Xipang Village, Koudian Township, Yanshi, Luoyang, 1981
Length:14.8cm

　　通体鎏金。龙首双角修长，与颈平行，金鳞片片，张口露齿，卷舌欲喷，颈后有上、下铆孔各一。造型精美，制作精细。

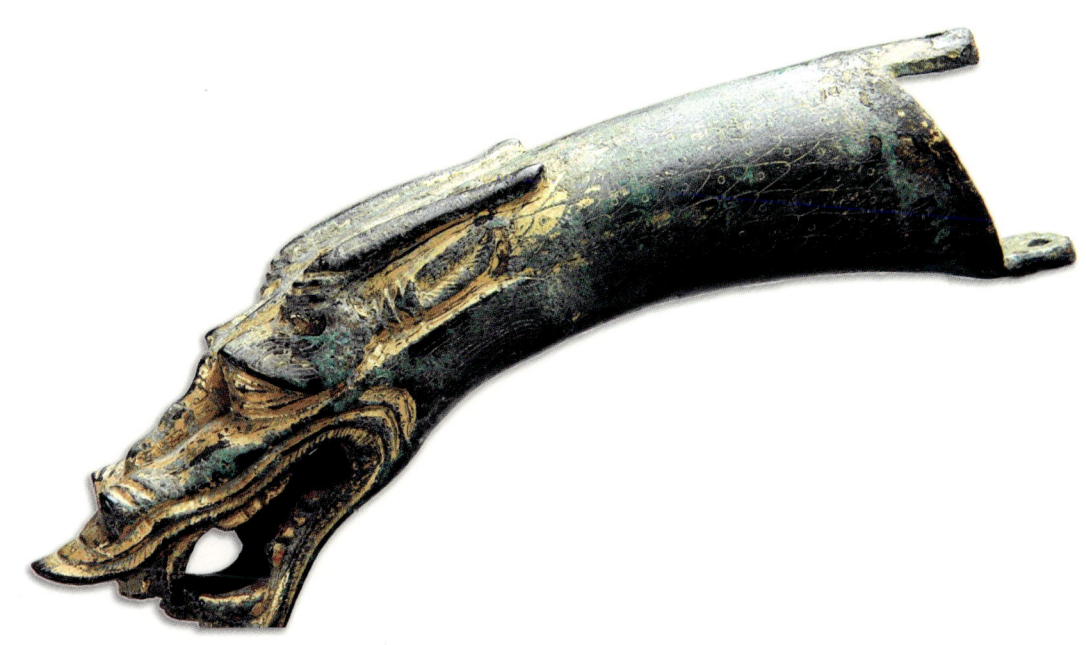

汉魏时期
Han and Wei Periods

日月天王神兽铜镜

东汉（公元25～220年）
1982年洛阳金谷园火车站出土
直径14.3厘米
Bronze mirror with patterns of the Sun, the Moon, Heavenly Kings and mythical creatures
Eastern Han Dynasty (25～220AD)
Excavated from Jinguyuan Railway Station, Luoyang, 1982
Diameter:14.3cm

　　圆形，半球形钮，连珠纹钮座，内区为神兽纹，外区饰有铭"日月天王"四字的方形印13枚及半圆形印饰，宽缘上为蟠螭、禽兽、锯齿凸棱纹。该器制作工艺高超，浮雕纹饰内容丰富，主题突出。

王公王母画像铜镜

东汉（公元25～220年）
1955年洛阳东汉墓出土
直径19.2厘米
Bronze mirror with pattern of Dong wang gong, Xi wang mu, horses and chariots
Eastern Han Dynasty (25～220AD)
Excavated from a tomb of the Eastern Han Dynasty, Luoyang, 1955
Diameter:19.2cm

　　镜正面微凸，背中为半球形钮，背面浅浮雕花纹图案分内外两区：外区略高，饰云纹带、三角锯齿纹带、栉齿纹带和铭文带各一周；内区饰王公、王母、车马、两兽等半浮雕画面。"王公王母"半浮雕图饰是中原地区少见的珍品。

汉魏时期
Han and Wei Periods

郡国五铢钱铜范

汉代（公元前221～公元220年）
1986年洛阳西工区出土
长26厘米
Bronze mould of Wuzhu coin used by prefectures
Han Dynasty (221BC～220AD)
Excavated from Xigong District, Luoyang, 1986
Length:26cm

　　长方形。一边有二鼻，一边有内凹，三个方形缺口。14枚钱样呈两排，每排七个，中间有一条凹线。该钱范出土于洛阳王城公园，即西汉河南郡治所，它印证了西汉河南郡造郡国钱的文献记载。

错金"一刀平五千"钱币

汉代(公元前221～公元220年)
洛阳汉墓出土
长7.4厘米
Gilt bronze "yi dao ping wu qian" coin
Han Dynasty (221BC～220AD)
Excavated from a tomb of the Eastern Han Dynasty, Luoyang
Length:7.4cm

  刀形,柄部圆钱形,上有错金"一刀"两字,刀部铸有"平五千"三字。又称"错刀"或"金错刀"。王莽居摄二年(公元7年)铸。五铢钱是中国历史上铸作数量最多、流通时间最长的方孔圆钱。王莽篡汉建"新",以洛阳为新室东都,复古改制,先后推行四次币制改革,铸行新钱,该币即为王莽改制的产物。

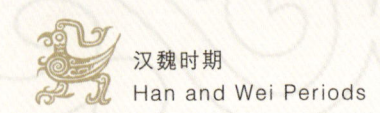
汉魏时期
Han and Wei Periods

鎏金铜洗

东汉（公元25～220年）
1974年洛阳偃师冠店乡李家村出土
高9.3厘米
Bronze washer inlaid with gold
Eastern Han Dynasty (25～220AD)
Excavated from Lijia Village, Koudian Township, Yanshi, Luoyang, 1974
Height:9.3cm

纹样鎏金。敞口，折沿，圜底，沿口错锯齿形。器内底壁皆饰变形夔纹，有一道宽弦纹相间。

"驸马都尉"银印

东汉（公元25～220年）
1970年洛阳伊川出土
高2.1厘米
Silver official seal inscribed "fu ma du wei"
Eastern Han Dynasty (25～220AD)
Excavated from Yichuan County, Luoyang, 1970
Height: 2.1cm

  银质印章，方形，龟钮，正面阴文篆书"驸马都尉"四字。汉代一官一印，质地有金、银、玉、石、铜等。银质龟钮印为两千石以上官吏可使用，"驸马都尉"为汉武帝初置官职，职务掌驸马，秩比千石。印文与史料记载相符。

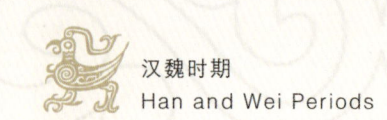
汉魏时期
Han and Wei Periods

雕龙玉带扣

东汉（公元25～220年）
1983年洛阳瀍河区商业学校驻地汉墓出土
长8.5厘米
Jade belt buckle with carved dragon design
Eastern Han Dynasty (25～220AD)
Excavated from Chanhe District, Luoyang, 1983
Length:8.5cm

略呈梯形。一端平，一端弧，弧端有一月牙形穿孔。佩正面雕饰两条游龙于云间，背面边缘环绕十对穿孔，雕刻精致。

龙首玉带钩

东汉（公元25～220年）
1983年洛阳西工区汉墓出土
长11厘米
Jade belt hook in the shape of dragon-head
Eastern Han Dynasty (25～220AD)
Excavated from a tomb of the Eastern Han Dynasty, Luoyang, 1983
Length:11cm

  青玉质地。长条形，背一圆扣钮，钩端龙首作回望状，颈身结合处有三条弦纹。身部从窄到宽向上拱起，上饰四道凸棱。

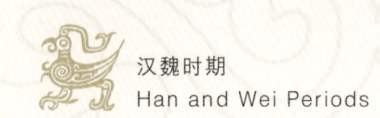

汉魏时期
Han and Wei Periods

透雕龙凤纹玉佩

东汉（公元25～220年）
1986年洛阳市郊机车厂汉墓出土
长7厘米
Jade pendant with dragon and phoenix design in openwork
Eastern Han Dynasty (25～220AD)
Excavated from a tomb of the Eastern Han Dynasty, Luoyang, 1986
Length:7cm

　　弧角长方形，内一圆孔上饰龟背纹，外透雕龙凤纹，龙凤身体盘卷，龙头凤首为褐色。布局对称合理，造型美观，制作精细。

龙首白玉勺

东汉（公元25～220年）
1984年洛阳出土
长8厘米
White jade spoon with dragon-head design
Eastern Han Dynasty (25～220AD)
Excavated from Luoyang, 1984
Length:8cm

　　青白玉质。勺柄高曲，运用俏色手法雕出黑色龙首形象。刀法流畅，构思精妙。

汉魏时期
Han and Wei Periods

夔龙纹玉璧

东汉（公元25～220年）
1986年洛阳机车厂驻地出土
直径25厘米
Jade Bi with Kui-dragon design
Eastern Han Dynasty (25～220AD)
Excavated from the Han tomb at Luoyang Locomotive Factory, 1986
Diameter: 25cm

圆形，纹饰分两层，两面纹饰相同。内层饰涡云纹，外层饰双身龙纹，龙身蜷曲分向两侧。

伏人玉环

东汉（公元25～220年）
1986年洛阳汉墓出土
长12.9厘米

Jade ring with design of crouching down figurine
Eastern Han Dynasty (25～220AD)
Excavated from a tomb of the Eastern Han Dynasty, Luoyang, 1986
Length:12.9cm

  白鸡骨玉雕成，外侧镂雕四人伏其上。伏人脑后饰重发髻。巨目大鼻，脊背高拱，四肢抱环，双腿成鱼尾状。刻画生动，伏人头部形象以往少见。

汉魏时期
Han and Wei Periods

玉蝉

东汉（公元25～220年）
洛阳出土
长4.5厘米
Jade cicada
Eastern Han Dynasty (25～220AD)
Excavated from Luoyang
Length:4.5cm

蝉状，凸目，双翅。玉蝉为汉代丧葬口含用玉，蝉被古人视为纯洁、清高、通灵的象征。蝉自幼虫变成虫，历经兑变而飞升，传说死后口含蝉可以枯而不朽，也有再生之意，表达了古人一种死后极乐飞升的意愿。

玉卧猪

东汉（公元25～220年）
1987年洛阳市郊机车厂汉墓出土
长11.7厘米
Jade pig in crouching down posture
Eastern Han Dynasty (25～220AD)
Excavated from a tomb of the Eastern Han Dynasty, Luoyang, 1987
Length:11.7cm

卧状，圆雕，汉八刀技法雕出耳、鼻、目、尾等。

汉魏时期
Han and Wei Periods

玻璃瓶

东汉（公元25～220年）
1987年洛阳市郊区汉墓出土
高13.5厘米
Glass vase
Eastern Han Dynasty (25～220AD)
Excavated from a tomb of the Eastern Han Dynasty, Luoyang, 1987
Height:13.5cm

　　侈口，宽平沿，圆唇，长直颈，垂腹，圆底内凹。玻璃颜色浅黄泛绿。从口到底有旋转的白色拉丝花纹。质地坚硬。表有锈蚀层，内层呈金黄色，较薄，迎光转动可变成蓝色。外层为褐色带白斑，略厚。该器具有浓郁的西亚风格，当是东西方文化交流的产物。

骨尺

东汉（公元25～220年）
1981年洛阳市玻璃厂汉墓出土
长23.3 宽1.36厘米
Bone ruler
Eastern Han Dynasty (25～220AD)
Excavated from a tomb of the Eastern Han Dynasty, Luoyang, 1981
Length:23.3cm Width:1.36cm

　　长条形、磨制。正反两面皆线刻尺寸，全尺十等分，以圆圈表示。每寸中又以短线条十等分为分，又在半尺位置上饰以四个小圆圈。

魏晋时期（公元220～317年）

魏晋时期

公元220年，曹丕代汉建魏，定都洛阳，史称曹魏，都洛共46年。公元263年，曹魏灭蜀。公元265年，司马炎取代曹魏，建立西晋，公元268年灭吴，统一全国，以洛阳为国都，前后共52年。

魏晋时期政权割据与王朝统一斗争激烈，同时各个军政集团内部矛盾激化，上层贵族和士人群体既有慷慨悲歌、人生苦短、建功立业的建安风骨，又有消极避祸、保形存性的正始之音。在主流文化和思想上，魏晋士人普遍崇尚老庄，蔑视礼法，形成了所谓的"魏晋风度"，为后世文人景仰和效仿。三曹、建安七子、竹林七贤、金谷二十四友，玄学理论家何晏、王弼、钟会均在洛阳写下过华彩名章。科技发面，马钧发明的龙骨水车、指南车被誉为"天下之名巧"。魏晋时期也是欧亚大陆气候发生剧烈变化的时期，北方变冷，干化严重。北方草原民族持续南迁侵扰，以洛阳为中心的中原地区的汉人不断南迁，影响着中国古代民族的融合进程，改变着传统的经济、人口、文化格局。"中原有旧族，迁徙名客家。"中原南迁汉人成为今天东南沿海和港澳台地区客家人的祖先。

洛阳曹魏西晋皇陵统计

时代	皇陵名称	所处位置
曹魏	魏文帝首阳陵	偃师首阳山南
曹魏	魏明帝高平陵	偃师南大谷口一带
西晋	晋宣帝高原陵	偃师北邙首阳山
西晋	晋景帝峻平陵	偃师北邙首阳山
西晋	晋文帝崇阳陵	偃师潘屯、杜楼村北的枕头山
西晋	晋武帝峻阳陵	偃师南蔡庄村北
西晋	晋惠帝太阳陵	偃师南蔡庄邙山南麓

傅抱石竹林七贤图

汉魏时期
Han and Wei Periods

白玉杯

曹魏（公元220～265年）
1956年洛阳涧西区曹魏墓出土
高11.7厘米
White Jade cup
Wei (220～265AD)
Excavated from a tomb of the Caowei Dynasty, Jianxi District, Luoyang, 1956
Height:11.7cm

　　圆筒形，下带圈座。直口，平沿，深直腹，圜底，圈足。通体光亮。以纯白和田玉琢成，玉质莹润细腻，杯壁厚薄均匀。是当时一件艺术水平较高的玉雕工艺品。

汉魏时期
Han and Wei Periods

"武猛校尉"银印

西晋（公元265～317年）
1972年伊川江左乡半坡村出土
长2.4厘米
Silver official seal inscribed "wu meng xiao wei"
Western Jin Dynasty (265～317AD)
Excavated from Yichuan County, Luoyang, 1972
Length:2.4cm

  银铸，龟钮，印文为汉篆字体，右上起顺读。"武猛校尉"为武官名，始见于汉末三国之际。武猛校尉为当时诸校尉之一，地位等级属中级武吏。所统不仅是军中的精锐，并可被选为亲军宿卫之用。

汉魏时期
Han and Wei Periods

正始石经残块

曹魏（公元220～265年）
洛阳偃师汉魏太学遗址出土
高75.4厘米
The classics on the stone stele(part) in Zhengshi reign
Wei (220～265AD)
Excavated from the Site of the Imperial College of Han and Wei periods, Yanshi, Luoyang
Height:75.4cm

  为上部石经残块。正面由小篆、古篆、隶书一字三体刻写。曹魏时期太学熹平石经残存。曹魏文帝兴太学，正始二年（公元241年）以弘儒训、重儒教为目的，在太学刻立石经28块，用古篆、小篆与隶书三种书体刻以《尚书》《春秋》及部分《左传》，称为"正始石经"或"三体石经"。

魏晋时期·文物精粹

汉魏时期
Han and Wei Periods

平冠武士陶俑

西晋（公元265～317年）
洛阳轴承厂西晋墓出土
高27厘米

Pottery warrior with flat headdress
Western Jin Dynasty (265～317AD)
Excavated from a tomb of the Western Jin Dynasty, Luoyang
Height:27cm

　　俑戴平冠，阔嘴大鼻，两眼圆睁，身着无领短袄，腰系带，右手向上，左手向前平伸，两腿粗壮直立。是西晋贵族家里的私兵形象。

单髻武士陶俑

西晋（公元265～317年）
1955年洛阳涧西西晋墓出土
高21.7厘米
Pottery warrior with single topknot
Western Jin Dynasty (265～317AD)
Excavated from a tomb of the Western Jin Dynasty, Luoyang, 1955
Height:21.7cm

　　该俑呈半跪状，单髻高耸，双目下视，右手高举平顶，左手握拳于左膝上，左腿呈弓步状，右腿半跪于地。是西晋贵族家里的私兵形象。

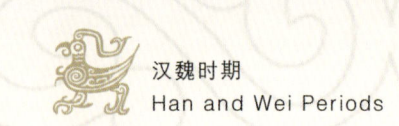

汉魏时期
Han and Wei Periods

彩绘伏虎形陶帐座

西晋（公元265～317年）
1985年洛阳偃师采集
高9.5厘米
Painted pottery valance holder with crouching tiger-shaped
Western Jin Dynasty (265～317AD)
Collected from Yanshi, Luoyang, 1985
Height:9.5cm

　　蟠卧状，头高昂，张口露齿。前肢两侧有翼，附于两肋，长尾上卷，脊背隆起，中间一圆孔，供插柱状物用。

灰陶镇墓兽

西晋（公元265～317年）
洛阳出土
高20.5厘米
Pottery beast-shaped tomb-guarding animal
Western Jin Dynasty (265～317AD)
Excavated from Luoyang
Height:20.5cm

　　兽作犀牛形。犀牛前后腿自然分立，头前伸，独角，短颈，尾直竖。通体灰白色。

汉魏时期
Han and Wei Periods

羽翅纹青瓷虎子

西晋（公元265～317年）
洛阳机瓦厂出土
高20.7厘米
Celadon Hu Zi with wing design
Western Jin Dynasty (265～317AD)
Excavated from Luoyang
Height:20.7cm

　　卧兽形，大口，凸胸，长腹，四肢矮小，刻画羽翅纹。通体施青釉。造型简单古朴，施釉均匀。

盘口鸡首青瓷壶

西晋（公元265—317年）
洛阳出土
高9.5厘米
Celadon pot with dish-like mouth and chicken-head shaped spout
Western Jin Dynasty (265~317AD)
Excavated from Luoyang
Height:9.5cm

盘口，丰肩，下收腹，平底。肩有二系，一侧有鸡首，对称一侧有鸡尾。通体施青釉，肩饰花纹。因壶嘴塑成鸡首形状而得名，又名"鸡头壶"。

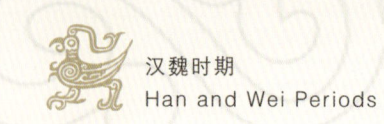
汉魏时期
Han and Wei Periods

三狮青瓷烛台

西晋（公元265～317年）
洛阳出土
高11.3厘米
Celadon candlestick with design of three lions
Western Jin Dynasty (265～317AD)
Excavated from Luoyang
Height:11.3cm

　　烛台由三个卧狮的前半身体组成，狮头向外，腹部中空，正中凸出竹子形的圆管，管身以两周凸弦纹表示竹节。釉呈豆青色，表面光亮，底无釉，内胎和露胎呈土黄色。六足下有烟熏痕。

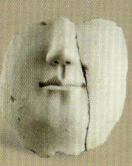

狮形青瓷盂

西晋（公元265～317年）
1972年洛阳矿山厂出土
高8厘米

Celadon Yu with lion-shaped
Western Jin Dynasty (265～317AD)
Excavated from Luoyang, 1972
Height:8cm

　　头作狮形，尾呈蕉叶状，颔下有须。项脊分披鬃毛，腹部两侧绘有羽翼。脊上有直径3厘米的圆管，瓷狮昂首竖耳，四腿蜷曲伏卧。施釉匀称莹润。

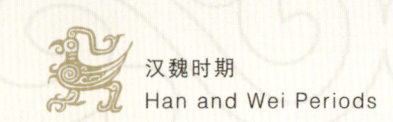

汉魏时期
Han and Wei Periods

三铺首青瓷钵

西晋（公元265～317年）
洛阳孟津出土
高9.2厘米
Celadon Bo
Western Jin Dynasty (265～317AD)
Excavated from Mengjin County, Luoyang
Height:9.2cm

圆口微敛，弧腹下收，平底，腹部上饰一周连珠纹，下饰网纹，并等距饰三铺首，内外施青釉。

四系网纹青瓷罐

西晋（公元265～317年）
洛阳涧西区出土
高22.5厘米
Celadon quadrilateral net design jar with four loops
Western Jin Dynasty (265～317AD)
Excavated from Jianxi District, Luoyang
Height:22.5cm

  直领，鼓腹，平底，口沿外有凹槽一周，肩部有凸棱一周，腹上部有四个桥形横系，腹部饰细密的网格纹。施青黄釉，腹近底处无纹无釉。属南方系青瓷。

汉魏时期
Han and Wei Periods

瓷兽水注

西晋（公元265～317年）
1987年洛阳偃师南蔡庄城关镇出土
高8.2厘米
Celadon water vessel with lion-shaped
Western Jin Dynasty (265～317AD)
Excavated from Yanshi, Luoyang, 1987
Height:8.2cm

　　雄狮形。狮昂首，伏蹲扑状，四肢前屈下蹲，头部上仰。满身卷云毛纹饰，胸部有一扇形长毛下垂。

雕兽卷云四足石砚

西晋（公元265～317年）
1955年洛阳涧西区晋墓出土
高10.8厘米
Four-legged inkslab carved with beast and rolling-cloud designs
Western Jin Dynasty (265～317AD)
Excavated from Jianxi District, Luoyang, 1955
Height:10.8cm

　　方形，砚池为圆形，方角处各雕饰龙首、龟、蟾及小水池，下部四个拐角足，上饰莲花纹。

汉魏时期
Han and Wei Periods

"晋归义胡王"金印

西晋（公元265～317年）
1973年洛阳孟津采集
高2.6厘米
Gold official seal inscribed "jin gui yi hu wang"
Western Jin Dynasty (265～317AD)
Collected from Mengjin County, Luoyang, 1973
Height:2.6cm

　　印面呈正方形，印文篆刻"晋归义胡王"五字，印钮作驼形。"晋归义胡王"是西晋时匈奴归化部落首领的封号。金印反映了西晋时期我国西北部落内迁、民族融合的历史。

汉魏时期
Han and Wei Perioids

金狮串饰

西晋（公元265～317年）
1955年洛阳孟津出土
长1.2～1.3厘米
Gold lions
Western Jin Dynasty (265～317AD)
Excavated from Mengjin County, Luoyang, 1955
Length:1.2～1.3cm

共六件，形象相同，金狮子四腿蜷曲，爬卧，毛发刻画清晰。制作精致，神态逼真。

金耳勺

西晋（公元265～317年）
1978年洛阳偃师出土
残长17.5厘米
Gold ear pick
Western Jin Dynasty (265～317AD)
Excavated from Yanshi, Luoyang, 1978
Rudimental Length:17.5cm

龙形，首端方形，龙口衔勺，似喷水珠成勺，尾端呈圆锥形。

金链子

西晋(公元265～317年)
1956年洛阳出土
长28.3厘米
Gold chain
Western Jin Dynasty (265～317AD)
Excavated from Luoyang, 1956
Length:28.3cm

金链两头细,中间粗,两端有小环,链子用"L"形双曲环套接而成。

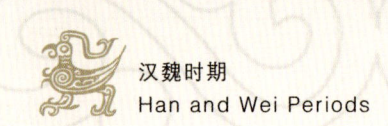

汉魏时期
Han and Wei Periods

透雕龙纹玛瑙璧

西晋（公元265～317年）
1978年洛阳偃师出土
直径9.7厘米
Agate Bi with Kui-dragon design
Western Jin Dynasty (265～317AD)
Excavated from Yanshi, Luoyang, 1978
Diameter:9.7cm

  圆形。中有穿孔，璧周两侧利用天然形成的褐、白色雕刻成夔龙纹和象纹，部分白色纹饰上有绿色斑痕。璧用褐、白相间的玛瑙制成，纹饰华丽，造型别致。

魏晋时期·文物精粹

252…253

汉魏时期
Han and Wei Periods

石座铜灯

西晋（公元265～317年）
1984年洛阳新安出土
高11.8厘米
Bronze lamp with stone holder
Western Jin Dynasty (265～317AD)
Excavated from Xin'an County, Luoyang, 1984
Height:11.8cm

　　由底座、灯柱、灯盘三部分组合而成。底座青石质，呈半球体，平底。上部中央有一圆座方孔插孔。柱呈圆柱形，铜质，中空。中部有椭圆形插孔。顶部为一跪兽形象。灯盘铜质，圆形，宽平沿，浅腹，圜底。有一长柄，可横插入灯柱。

韩寿墓表

西晋（公元265～317年）
洛阳出土
高110厘米
Epitaph of Hanshou
Western Jin Dynasty (265～317AD)
Excavated from Luoyang
Height:110cm

墓表正面有一长方形，上面刻文字"南阳堵阳韩侍骠骑将军"，现存中间部分。"韩寿"《晋书》有传，该墓表造型别致，是研究韩寿其人的唯一实物资料。

北魏时期

(公元 493～534 年)

北魏时期

北魏是我国少数民族鲜卑在中原地区建立的第一个封建王朝。鲜卑是商代东胡的一支,最早生活在内蒙东部大兴安岭的森林中,以狩猎和采集为生。两汉时期,匈奴势力遭受重创而南徙或西迁后,拓跋鲜卑和慕容鲜卑成为当时蒙古草原的主人。公元 3 世纪末期,拓跋鲜卑在盛乐(今内蒙古和林格尔县之北)建立政权。公元 398 年,北魏迁都平城(今山西大同)。公元 493 年,北魏孝文帝自平城迁都洛阳,都洛共 42 年。

魏孝文帝迁都洛阳后,推行一系列汉化政策,加速了鲜卑族的汉化,推动了当时社会经济和文化的发展,形成了中国历史上第一次民族大融合浪潮。当时的洛阳城,面积达 100 平方公里,人口 60 余万,是国际一流的大都会。北魏时期,为调和民族矛盾和统治阶级内部的纷争,崇佛之风盛行,孝文帝迁都洛阳后,开凿了规模宏大的龙门石窟,修建了皇家寺院—永宁寺,据文献记载,当时洛阳城内的寺院有 1367 座之多。

洛阳北魏皇陵统计	皇陵名称	所处位置
	孝文帝长陵	洛阳北官庄东
	宣武帝景陵	洛阳北邙山冢头村东
	孝明帝定陵	洛阳东北西山岭头村南
	孝庄帝静陵	洛阳北邙山上寨村南

北魏永宁寺塔复原图

永宁寺塔立面复原图　　　　永宁寺塔剖面复原图

北魏永宁寺塔基遗址

永宁寺遗址位于北魏洛阳城内城南郊，今白马寺东南约2公里处。建于北魏熙平元年（公元516年），是北魏洛阳城内最大的一座皇家寺院。寺院平面呈长方形，南北约301米，东西约212米，四周有夯筑围墙。永宁寺木塔为其中心建筑，九层，四方形楼阁式建筑。据史书记载，木塔高"四十九丈"，折今136.71米。现寺院中心尚存方形塔基一座，高出地面8米。该塔基是迄今我国经全面发掘的唯一一座北魏佛寺遗址。塔基平面呈方形，分为二层，边长38.2米，高2.2米，内为夯土，四壁以青石镶包，台基四面皆置"漫道"，以供人上下。塔基中心部位下部，发现有"地宫"遗迹。据《洛阳伽蓝记》载，北魏时西域来洛阳的诸僧，住永宁寺者多达数百人。

汉魏时期
Han and Wei Periods

青釉陶武士俑

北朝（公元550～577年）
1956年洛阳出土
高58.3厘米
Blue glazed pottery warrior
Northern Dynasties (550～577AD)
Excavated from Luoyang, 1956
Height:58.3:cm

俑通体施青釉，面绘红彩，眉、盔涂黑彩。头戴鳞纹尖顶兜鍪，两侧有耳护，浓眉大眼，络腮胡，身穿圆领窄袖长袍，肩披护铠，外套明光铠，腰束带，左手握拳曲举，右手握拳下垂，皆有拳眼，原来似有执物，今皆失落。

彩绘陶胡人俑

北魏（公元493～534年）
1965年洛阳老城区元祀墓出土
高15.4厘米
Painted figurine of Hu people
Northern Wei Dynasty (493～534AD)
Excavated from the tomb of Yuanzhao, Luoyang, 1965
Height:15.4cm

俑站立，卷发，浓眉，深目，高鼻，络腮胡，身着胡服，双手隐于袖中，左袖置于腹前。

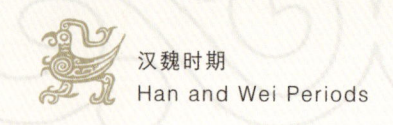

汉魏时期
Han and Wei Periods

彩绘陶昆仑奴蹲坐俑

北魏（公元493～534年）
1965年洛阳老城区元邵墓出土
高9.5厘米
Painted pottery figurine of Kun Lun Nu
Northern Wei Dynasty (493～534AD)
Excavated from the tomb of Yuanzhao, Luoyang, 1965
Height:9.5cm

  并腿蹲坐，作蜷缩状，右手抱头，左手横置双膝之上，埋头于两臂之间，仅露满头鬈发。着红色衣裤，腰束带，足穿长筒皮靴。该俑生动地表现了一个异族少年低头掩面、缩成一团的形象。"昆仑奴"是古代我国的异族奴隶。

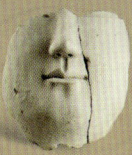

彩绘陶思维俑

北魏（公元493～534年）
1989年洛阳孟津北陈村出土
高10厘米
Painted pottery servant
Northern Wei Dynasty (493～534AD)
Excavated from Mengjin County, Luoyang, 1989
Height:10cm

　　头戴毡帽，高鼻深目，络腮胡须，身着红色圆领窄袖长袍，足穿黑色长筒靴，席地而坐，左手托腮，双目微闭作思考状。

汉魏时期
Han and Wei Periods

彩绘陶骑马盔甲武士俑

北魏（公元493～534年）
1965年洛阳老城区元玿墓出土
高25.5厘米
Painted pottery figurine wearing armor and riding a horse
Northern Wei Dynasty（493～534AD）
Excavated from the tomb of Yuanzhao, Luoyang, 1965
Height:25.5cm

  马站立于长方形底板之上。外罩铠甲，头饰面盔，背坐一俑。俑戴头盔，身披铠甲，腰系带。左手空握，拳眼与马背上一孔相对，似作持旗状，马臀上有一孔，似作插旗用。铠甲边着红色。马、俑全副武装，为元玿墓仪仗俑。

彩绘陶持剑武官俑

北魏（公元493～534年）
洛阳宜阳丰李杨机墓出土
高32.2厘米
Painted pottery warrior holding a sword
Northern Wei Dynasty (493～534AD)
Excavated from the tomb of Yangji, Yiyang County, Luoyang
Height:32.2cm

  胡人面相，形体高大，呈站立状。头戴风帽，帽顶圆鼓，周围束带，顶部有"十"字形帽缝，帽的左右和后部下垂至颈，左右沿脸部外翻，用一带连于脑后。表情狰狞，阔口朱唇。身穿红色斗篷式风衣，领口挽结，两袖空垂。内罩白色长衣至地。双手扶黑色长剑于胸前，足蹬圆头靴。

汉魏时期
Han and Wei Periods

彩绘陶伎乐俑

北魏（公元493～534年）
1965年洛阳老城区元邵墓出土
高约13厘米
Painted pottery musicians and dancers
Northern Wei Dynasty(493～534AD)
Excavated from the tomb of Yuanzhao, Luoyang, 1965
Height:13cm

　　一组六人，通体施红色彩绘，均身着无领宽袖长衫，束腰，双腿跽坐，作击缶、拍击、吹箫、抚筝等状。

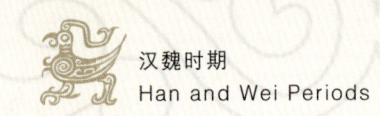

汉魏时期
Han and Wei Periods

彩绘陶持簸箕俑

北魏（公元493～534年）
1965年洛阳老城区元邵墓出土
高12厘米
Painted pottery figurine holding a dustpan
Northern Wei Dynasty (493~534AD)
Excavated from the tomb of Yuanzhao, Luoyang, 1965
Height:12cm

  身着右衽长衫，窄袖束腰，呈跽坐状，双手持簸箕置于腿间。为拍击奏声的伎乐俑。

彩绘陶击鼓俑

北魏（公元493～534年）
1965年洛阳老城区元玴墓出土
高18.5厘米

Painted pottery figurine musician
Northern Wei Dynasty (493～534AD)
Excavated from the tomb of Yuanzhao, Luoyang, 1965
Height:18.5cm

　　站立状，头戴风帽，帽上涂有红色彩绘。身着右衽宽袖短服，腰系带，下着长裤，腹前系一小鼓，双手持击棒，作击鼓状。

汉魏时期
Han and Wei Periods

彩绘陶骑马乐俑

北魏（公元493～534年）
1965年洛阳老城区元邵墓出土
高24厘米

Painted pottery figurine musician
Northern Wei Dynasty (493～534AD)
Excavated from the tomb of Yuanzhao, Luoyang, 1965
Height:24cm

马站立于长方形底板之上。头饰辔头，背饰障泥与鞯系。俑骑马上，头戴笼冠，身着无领宽袖长衫，束腰，右手扶乐管，左手作敲击状，通体施红色彩绘。

彩绘陶骑马击鼓俑

北魏（公元493～534年）
1965年洛阳老城区元邵墓出土
高23.9厘米
Painted pottery figurine musician
Northern Wei Dynasty (493～534AD)
Excavated from the tomb of Yuanzhao, Luoyang, 1965
Height:23.9cm

　　马站立于长方形底板之上。头饰辔头，背饰障泥与鞦系，背坐一俑。俑头戴笼冠，身着左衽宽袖短袍，下着缚裤，左手提一鼓，右手作击鼓状。马为红色，俑为灰色。

汉魏时期
Han and Wei Periods

彩绘陶甲骑具装俑

北魏（公元493～534年）
洛阳宜阳丰李杨机墓出土
高23厘米
Painted pottery figurine wearing armor and riding a horse
Northern Wei Dynasty (493～534AD)
Excavated from the tomb of Yangji, Yiyang County, Luoyang
Height:23cm

俑骑坐于马鞍之上。头戴风帽，身披朱红色风衣，胳膊继腿挂护膝甲。左手拽缰，右手执兵器，兵器已佚。马头带面帘，周身绘虎纹以示铠甲，马尾缠结，站立于长方形托板之上。马与骑俑分别模制，组合而成。自魏晋以来，称防护骑兵所乘战马的马铠为"具装"，与骑兵所披铠甲配套使用，合称"甲骑具装"。

北魏时期 · 文物精粹

272 : 273

汉魏时期
Han and Wei Periods

彩绘陶男胡俑

北魏（公元493～534年）
1990年洛阳偃师染华墓出土
通高15.9厘米
Painted pottery male dancer of Hu people
Northern Wei Dynasty (493～534AD)
Excavated from Yanshi, Luoyang, 1990
Height in all:15.9cm

　　胡人舞姿。深目，高鼻，浓眉，短发卷曲。窄袖胡服，腰束带，缚裤，长马靴。左臂半侧举，右臂平伸，作转体状，左腿直立，右腿抬起半屈。上身涂红，下身涂白。发、眉、髯涂有黑色。造型优美，动感十足。

陶女仆俑

北魏（公元493～534年）
洛阳纱厂西路北魏墓出土
高9厘米
Pottery female servant
Northern Wei Dynasty (493～534AD)
Excavated from West Shachang Road, Luoyang
Height:9cm

坐姿，身穿交领长裙落地，凸乳，隆腹，显脐眼，坐于陶碓的底板上，左手扶碓，作舂米状，生动地再现了下层群众劳作的情景。

汉魏时期
Han and Wei Periods

彩绘陶仪仗、侍从俑群

北魏（公元493～534年）
1990年洛阳偃师南蔡庄联体砖场北魏墓出土
高16.5～22厘米
Painted pottery entourage figurines
Northern Wei Dynasty (493～534AD)
Excavated from Yanshi, Luoyang, 1990
Height:16.5～22cm

包括武士俑、侍从俑、乐俑等形象，外施彩绘。武士俑身着翻领胡服或铠甲，作执兵器状，气宇轩昂；侍从俑面目清秀，比例匀称，峨冠博带；尤其是手执鼗鼓击鼓的乐俑，极为罕见。鼗系长柄摇鼓，俗名拨浪鼓，执鼗鼓者应系乐队指挥。此组俑身上的服饰为胡服，为汉服，戴风帽，戴笼冠，反映了北魏王朝迁都洛阳以后"汉化"的历史背景。

北魏时期 · 文物精粹

276 ⋯ 277

汉魏时期
Han and Wei Periods

彩绘陶牵手女俑

北魏（公元493～534年）
洛阳宜阳丰李杨机墓出土
高17厘米
Painted pottery female figurines
Northern Wei Dynasty (493～534AD)
Excavated from the tomb of Yangji, Yiyang County, Luoyang
Height:17cm

　　形制相同。两俑并肩，两手相牵。眉清目秀。朱唇。头梳丫髻，丫髻前有一圆形发饰。身着裤褶，腰束带。

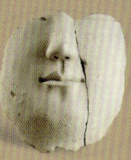

北魏时期·文物精粹

278 … 279

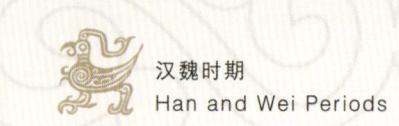

汉魏时期
Han and Wei Periods

彩绘陶女舞俑

北魏（公元493～534年）
洛阳宜阳丰李杨机墓出土
高17厘米
Painted pottery dancing woman
Northern Wei Dynasty (493～534AD)
Excavated from the tomb of Yangji, Yiyang County, Luoyang
Height:17cm

眉清目秀，头梳双丫髻，髻上插一圆形发饰。脸扭向左方。身穿红色交领窄袖长裙，两手提裙，左脚站地，右脚半抬，作起舞状。

彩绘陶抱婴女侍俑

北魏（公元493～534年）
洛阳宜阳丰李杨机墓出土
高13厘米
Painted pottery female figurine holding a baby
Northern Wei Dynasty (493～534AD)
Excavated from the tomb of Yangji, Yiyang County, Luoyang
Height:13cm

坐状，左膝单跪。头梳黑色发髻，眉目清秀，面带笑意，唇脸涂朱，领系一巾，着宽袖曳地长裙。双手抱一襁褓婴儿。

汉魏时期
Han and Wei Periods

彩绘陶抬腿马

北魏（公元493～534年）
洛阳宜阳丰李杨机墓出土
高21.7厘米
Painted pottery horse
Northern Wei Dynasty (493～534AD)
Excavated from the tomb of Yangji, Yiyang County, Luoyang
Height:21.7cm

昂首下视作嘶鸣状。头小颈粗，耸耳，马首下垂缨，胸前系七铃，鞍上罩粉绘障泥，下端流苏扎结下垂，辔饰俱全，尻部革带上挂忍冬纹花饰。前右蹄抬起，三肢站立于托板上。

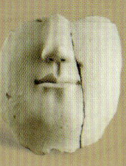

北魏时期・文物精粹

282 … 283

汉魏时期
Han and Wei Periods

彩绘陶骆驼

北魏（公元493～534年）
洛阳宜阳丰李杨机墓出土
高24.5厘米
Painted pottery camel
Northern Wei Dynasty (493～534AD)
Excavated from the tomb of Yangji, Yiyang County, Luoyang
Height:24.5cm

　　全身施朱色。曲颈昂首作嘶鸣状。头上饰以美丽的卷毛，颈下长棕毛纹路刻画清晰，双峰间束一带，带上搭丝卷，下露绢、鸡、鱼、肉挂在带上。四肢站立于长方形托板上。背上所驮之物刻画细致。

彩绘陶驮囊半卧骆驼

北魏（公元493～534年）
1990年洛阳偃师杏园村染华墓出土
高16.5厘米
Painted pottery camel
Northern Wei Dynasty (493～534AD)
Excavated from the tomb of Ranhua, Yanshi, Luoyang, 1990
Height:16.5cm

　　前腿屈卧，后腿站立于长方形底板之上。头颈上扬，作跃跃欲起状。双峰间有一大型驮囊，载有猪、鱼、丝卷、水壶等物。头、颈、前肢上部驼毛清晰。

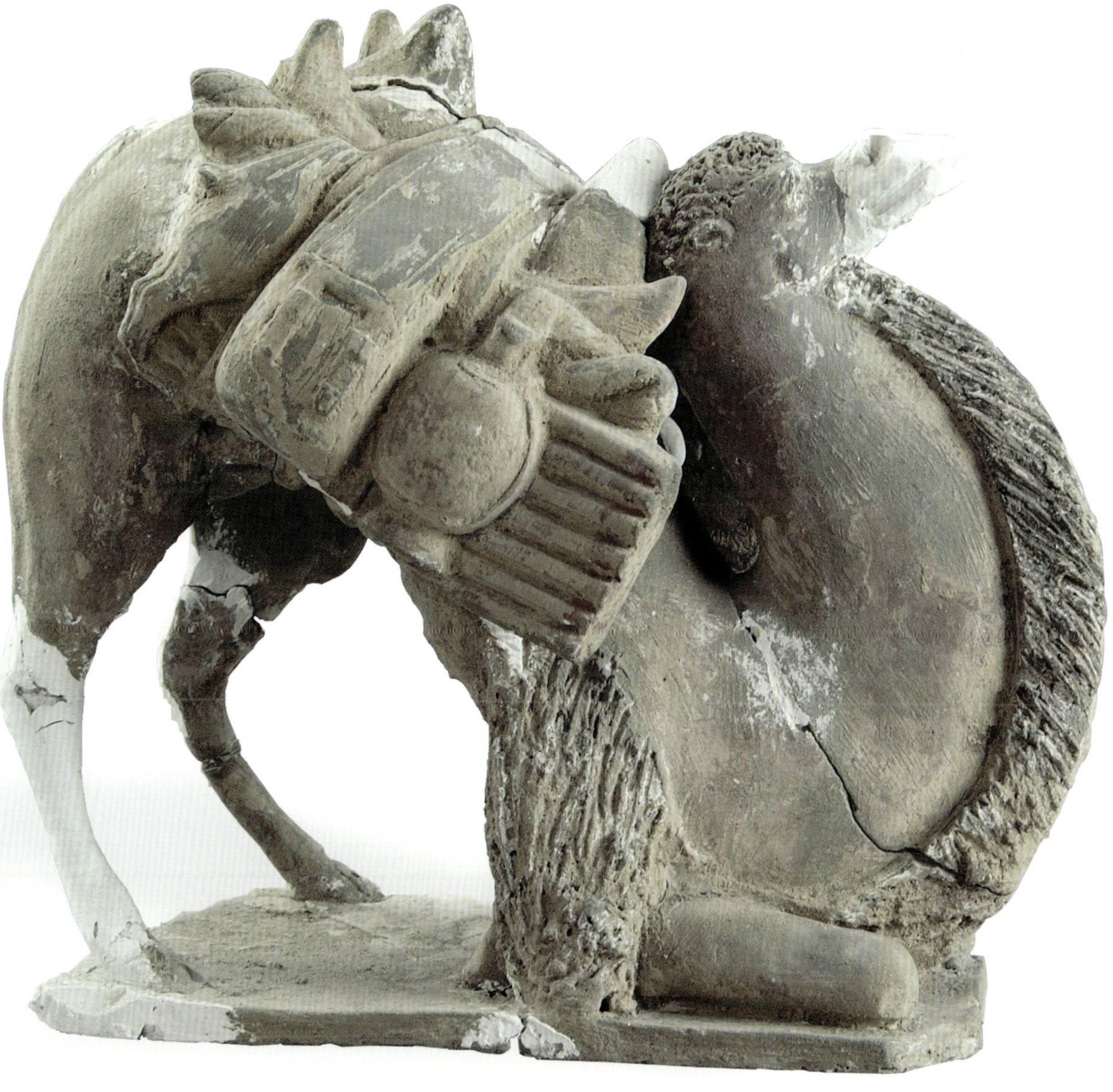

汉魏时期
Han and Wei Periods

褐绿釉胡人舞乐图陶扁壶

北魏（公元493～534年）
1984年洛阳孟津采集
高13.2厘米
Brownish-green glazed pottery flat pot with scene of performing musicians and dancers of Hu people
Northern Wei Dynasty (493～534AD)
Collected from Mengjin County, Luoyang, 1984
Height:13.2cm

  扁圆形，腹体上窄下宽，小盘口，短颈，椭圆形假圈足。肩安忍冬叶形双系。通体施绿釉。扁壶的造型采用的是北方游牧民族皮囊式的形状，便于携带。壶的两面腹部有内容相同的七人一组的胡人舞乐图案。舞乐图四周为连珠纹圈带，中央一人起舞于莲花座上，右手上举，左手下垂，两边各有一人伴舞，其余四人也各站立于分支莲花座上，持乐器作伴奏状。人物深目高鼻，属于西域人的形象。舞乐图反映了当时我国中原地区和西域少数民族文化大融合的历史背景。

黄褐釉乐舞图瓷扁壶

北魏（公元493～534年）
洛阳出土
高18厘米
Brownish-yellow glazed pottery flat pot with scene of performing musicians and dancers of Hu people
Northern Wei Dynasty (493～534AD)
Excavated from Luoyang
Height:18cm

　　扁圆体，直口，细颈，扁平腹，平底。通体施黄褐釉，壶身两面模印浮雕舞乐纹，五位舞者深目高鼻，头戴胡帽，是一组西域胡人的舞乐图。与文献记载所说健舞曲中出于西域的"胡腾舞"相吻合。扁壶的发现，证明早在北朝时"胡腾舞"已传入中原。

汉魏时期
Han and Wei Periods

莲花纹瓷碗

北魏（公元493～534年）
1972年洛阳孟津北魏墓出土
高11.2厘米
Porcelain bowl with lotus pattern
Northern Wei Dynasty (493～534AD)
Excavated from Mengjin County, Luoyang, 1972
Height:11.2cm

　　深腹，圆饼状足内凹。口沿外饰弦纹一周，腹外壁刻饰双层莲花纹。

鸡首青瓷壶

北魏（公元493～534年）
1990年洛阳偃师南蔡庄北魏墓出土
通高28.2厘米
Celadon pot with chicken-head-shaped spout
Northern Wei Dynasty (493～534AD)
Excavated from Yanshi, Luoyang, 1990
Height in all:28.2cm

　　盘口，长颈，圆肩，平底。肩部有高冠鸡首流，龙形柄。颈两侧各设两桥形纽。通体施青釉，开片细腻均匀。

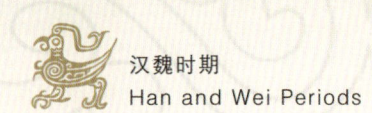

汉魏时期
Han and Wei Periods

蟾座青瓷蜡台

北魏（公元493～534年）
1990年洛阳偃师杏园村北魏墓出土
通高18.8厘米
Celadon candleholder
Northern Wei Dynasty (493～534AD)
Excavated from Yanshi, Luoyang, 1990
Height in all:18.8cm

蟾张嘴瞪眼，前肢直立，后肢伸直，背驮莲台，莲台上置一方斗，斗顶上设长方形横梁，横梁上置五个蜡瓶。

北魏时期·文物精粹

290 ⋯ 291

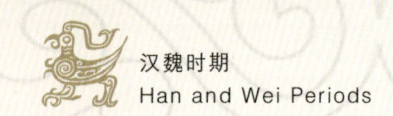

汉魏时期
Han and Wei Periods

嵌蓝宝石金戒指

北魏（公元493～534年）
1987年洛阳吉利区出土
直径2.2厘米
Gold ring inlaid with sapphire
Northern Wei Dynasty (493～534AD)
Excavated from Jili District, Luoyang, 1987
Diameter:2.2cm

  不规则圆形，上有一镶宝石的套孔，外饰一周连珠纹，内嵌一蓝宝石，石上阴刻一舞动双手的小人。是目前为止难得一见的北魏时期金饰品。

玉辟邪

北魏（公元493～534年）
洛阳出土
高4.3厘米
Jade Bi Xie
Northern Wei Dynasty (493～534AD)
Excavated from Luoyang
Height:4.3cm

  卧状，四肢屈伸，昂首，圆腹、丰臀、断尾，五官琢制清晰。是洛阳北朝时期少见的玉器类型。

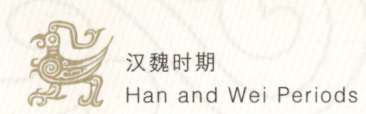
汉魏时期
Han and Wei Periods

狮形白石镇

北魏（公元493～534年）
洛阳瀍河区出土
高18.5厘米
White stone weight with lion-shaped
Northern Wei Dynasty (493～534AD)
Excavated from Chanhe District, Luoyang
Height:18.5cm

　　坐于长方形底板上，两前腿竖直挺立，昂首挺胸，张嘴露齿，怒目圆睁，似发怒而吼。

石虎

北魏（公元493～534年）
1980年洛阳邙山出土
高106厘米
Stone tiger
Northern Wei Dynasty (493～534AD)
Excavated from Luoyang, 1980
Height:106cm

　　蹲踞状，圆睁双目，须作三缕，弯曲下垂，腹下未镂空，尾巴浮雕在臀部。为北魏孝庄帝静陵石刻。

汉魏时期
Han and Wei Periods

石翁仲

北魏（公元493～534年）
1976年洛阳邙山出土
高314厘米
Stone statue in front of a tomb
Northern Wei Dynasty (493～534AD)
Excavated from Luoyang, 1976
Height:314cm

  站立状，双手按剑，姿态端庄有力，笼冠，夹领，短襦，裙服。石翁仲为皇陵神道石刻。

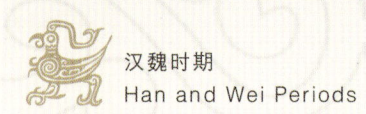
汉魏时期
Han and Wei Periods

兽面纹瓦当

北魏（公元493～534年）
1979年洛阳偃师龙虎滩村北北魏永宁寺塔基出土
直径16.2厘米
Tile-end with animal-face pattern
Northern Wei Dynasty (493～534AD)
Excavated from the foundation of the pagoda in Yongning Temple, north of Longhutan Village, Yanshi, Luoyang, 1979
Diameter:16.2cm

　　圆形。主题纹饰为兽首图案，两眼凸出，呲牙咧嘴，面目狰狞，边轮宽平，颇具特色。

莲花化生瓦当

北魏（公元493～534年）
1979年洛阳偃师龙虎滩村北北魏永宁寺塔基出土
直径15.5厘米
Tile-end with pattern of lotus-born
Northern Wei Dynasty (493～534AD)
Excavated from the foundation of the pagoda in Yongning Temple, north of Longhutan Village, Yanshi, Luoyang, 1979
Diameter:15.5cm

　　圆形，中部浅浮雕佛教"莲花化生"图案，外围一圈连珠纹。边轮宽平。出土于北魏洛阳城内皇家寺院永宁寺，反映了北魏时期崇佛之风的炽盛。

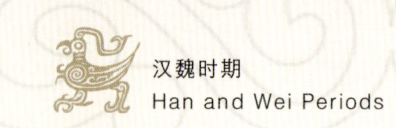

汉魏时期
Han and Wei Periods

泥塑佛面

北魏（公元493～534年）
1979年洛阳偃师龙虎滩村北北魏永宁寺塔基出土
残高24.5厘米
Clay face of a large-sized statue
Northern Wei Dynasty (493～534AD)
Excavated from the foundation of the pagoda in Yongning Temple, north of Longhutan Village, Yanshi, Luoyang, 1979
Rudimental Height:24.5cm

　　面部丰腴，鼻梁挺直，嘴角微微上翘，虽为几块粘对而成，但其雍容华贵、气宇轩昂的神情至今光彩照人。佛的慈祥、仁厚被表现得淋漓尽致。是现今北魏永宁寺出土物中最具代表性的杰作之一。

泥塑佛像残手

北魏（公元 493～534 年）
1979 年洛阳偃师龙虎滩村北北魏永宁寺塔基出土
长 14 厘米
Clay hand
Northern Wei Dynasty (493～534AD)
Excavated from the foundation of the pagoda in Yongning Temple, north of Longhutan Village, Yanshi, Luoyang, 1979
Length:14cm

　　为一泥塑手残件，姿态优美，造型传神，令人感受到肌肉的丰腴和质感，给人无限的想象空间。是北魏永宁寺出土物中代表性的杰作之一。

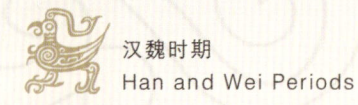

汉魏时期
Han and Wei Periods

泥塑侍从像

北魏（公元493～534年）
1979年洛阳偃师龙虎滩村北北魏永宁寺塔基出土
高15厘米
Clay standing figurine
Northern Wei Dynasty (493～534AD)
Excavated from the foundation of the pagoda in Yongning Temple, north of Longhutan Village, Yanshi, Luoyang, 1979
Height:15cm

　　头部佚失，长裙曳地，腰束宽带，衣带飘拂，形体修长，身姿秀丽。虽缺头及手，但具飘动之感，是一件极为难得的艺术珍品。

泥塑带冠老人头像

北魏（公元493～534年）
1979年洛阳偃师龙虎滩村北北魏永宁寺塔基出土
高7厘米

Head figurine of an old man
Northern Wei Dynasty (493～534AD)
Excavated from the foundation of the pagoda in Yongning Temple, north of Longhutan Village, Yanshi, Luoyang, 1979
Height:7cm

为一饱经风霜的老年人形象，头带冠，双目细长，大耳，鼻梁挺直，嘴角微微上翘，面部皱纹凸出。

汉魏时期
Han and Wei Periods

三尊菩萨石刻造像

北魏（公元493～534年）
洛阳孟津出土
高80.5厘米
Stone sculpture of three bodhisattvas
Northern Wei Dynasty (493～534AD)
Excavated from Mengjin County, Luoyang
Height:80.5cm

  主尊菩萨为高冠，施无畏、与愿印，跣足立于莲花座上，二协侍菩萨均一手抬起站立于莲花座上。三尊菩萨共有通身大背光。下有方座。系典型的北朝石刻造像。

姜纂造像碑

北朝（公元386～581年）
洛阳偃师董村出土
高77厘米
Stele with sculpture
Northern Dynasties (386～581AD)
Excavated from Yanshi, Luoyang
Height:77cm

　　首、身一体，首为六龙盘绕，正额刻老君像一躯，背额呈圭形，无字。碑身正面为龛，龛眉为透雕，莲花垂幔，龛内刻一老君，二协侍，下刻二狮及香炉，旁立二供养人。左题"孙女娥皇献宝时"，右刻"姜元略供养时"。碑背面刻魏书题记，龛眉透雕莲花。碑文简要记述了姜元略生平和姜纂立碑的虔诚之意，有确切的造像纪年。这种融佛、道为一体的造像碑说明，在魏晋时期佛教和道教已经出现了融合的趋势。

汉魏时期
Han and Wei Periods

孟阿妃造像碑

北朝（公元386～581年）
洛阳偃师出土
高82厘米
Stele with sculpture
Northern Dynasties (386～581AD)
Excavated from Yanshi, Luoyang
Height:82cm

　　首、身一体，首为四龙盘绕，正额置一屋形龛，内刻老君像。碑身为主龛，上刻垂幔，龛内浮雕老君像，盘腿坐于案前，左手扶案，右手呈半举状已残。旁刻二侍者，老君像下为二蹲狮，下层刻五个供养人，两旁站立二卫士。该造像碑最奇特之处，是将道教鼻祖的老君像，模仿佛教造像形式来雕刻，是典型的佛教与道教融会合流的产物。

河清元年造像碑

北朝（公元386～581年）
1987年洛阳偃师出土
高44厘米
Stele with sculpture
Northern Dynasties (386～581AD)
Excavated from Yanshi, Luoyang, 1987
Height:44cm

　　首、身一体，首为四龙盘绕，正中隐一人头，碑身正面为龛，中有扶机，内坐老君像。右手执扇，两旁立二侍者，下有二舞人对立，二狮蹲卧，中有荷花童子。是典型的佛道合璧的产物。

汉魏时期
Han and Wei Periods

彩绘陶牛车

北魏（公元493～534年）
1965年洛阳老城区元䢛墓出土
高23.2厘米

Painted pottery ox-dawn carriage
Northern Wei Dynasty (493～534AD)
Excavated from the tomb of Yuanzhao, Luoyang, 1965
Height:23.2cm

　　由牛与双辕箱车构成，牛、车呈一体，从车厢前端格子栏下面伸出的车辕套在牛身上。牛呈拉车行走状。牛俑浑劲，脖颈肌肉下垂，牛身披饰革带，驾一双辕双轮车，车盖呈拱棚状，前后檐外伸，车厢两侧各刻一象征性假窗，车厢前孔呈棂状，后开门，车轮靠在车厢左右两边，牛四肢和车两支柱立于托板之上。

北魏时期・文物精粹

308 ⋯ 309

隋唐时期
Sui and Tang Periods

　　公元581年，杨坚代周建隋，589年隋灭陈统一全国，结束了南北朝长达169年的分裂局面。隋朝历文、炀二帝，统治全国38年，在典章制度方面有许多创举，三省六部制和科举制的确立奠定了隋唐盛世的政治基础。隋炀帝大业元年（公元605年）营建东都洛阳，开凿以洛阳为中心的大运河，洛阳成为中国南北经济文化交流的枢纽和中心。绵延数千里的大运河，宛如飘曳在华夏锦绣大地上的素丝带，堪称中国水利工程史上的一座丰碑。

　　公元618年，唐朝建立，作为帝国两京之一的东都，洛阳步入了其都城发展史上的巅峰时期。中国唯一的女皇武则天执政称帝期间，以洛阳为"神都"，修宫苑、造石窟，对外来文化实行开放包容政策，胡乐、胡言、胡服引领着时尚潮流，祆教、景教、摩尼教、佛教与中国本土的儒、道各擅圣坛。八方朝贡，万国来使，神都洛阳成为东方世界的中心。

In 581, Yang Jian overthrew the Zhou regime and founded the Sui Dynasty, and in 589 the Sui Dynasty conquered the State of Chen and unified the country, ending the 169-year separation of the Southern and Northern Dynasties. Though it lasted only 38 years with the enthronement of two emperors Wen and Yang, the Sui Dynasty made innovations in statutes and institutions. For example, the establishment of the Three Departments and Six Ministries system and the Imperial Examination system laid a solid foundation for the thriving of the Sui and Tang dynasties. In 605, the 1st year of Daye period during Emperor Yang's reign, the construction of the eastern capital Luoyang started, and the Grand Canal with Luoyang as the center was excavated. As a result, Luoyang became the hub and center for economic and cultural communication between southern and northern China. Several thousand kilometers long, the Grand Canal resembled an artificial heavenly river, and can be regarded as a monument in the history of Chinese water conservancy.

In 618 the Tang Dynasty was founded, and the eastern capital Luoyang, as one of the two capitals of the empire, entered into its heyday. During the reign of Wu Zetian, the only woman in the history of China to assume the title of Empress Regnant, Luoyang was made Divine Capital, and developed into the center of the oriental world. Palaces and grottoes were constructed; exotic cultures were welcomed and tolerated; the music, language and costumes of the Hu people (a northern tribe of China) prevailed; Parseeism, Nestorianism and Manicheism as well as traditional Chinese religions including Confucianism, Buddhism and Taoism co-existed and thrived; local governments paid tributes to the imperial court and envoys from other countries viSited it in an endless stream. All flourished.

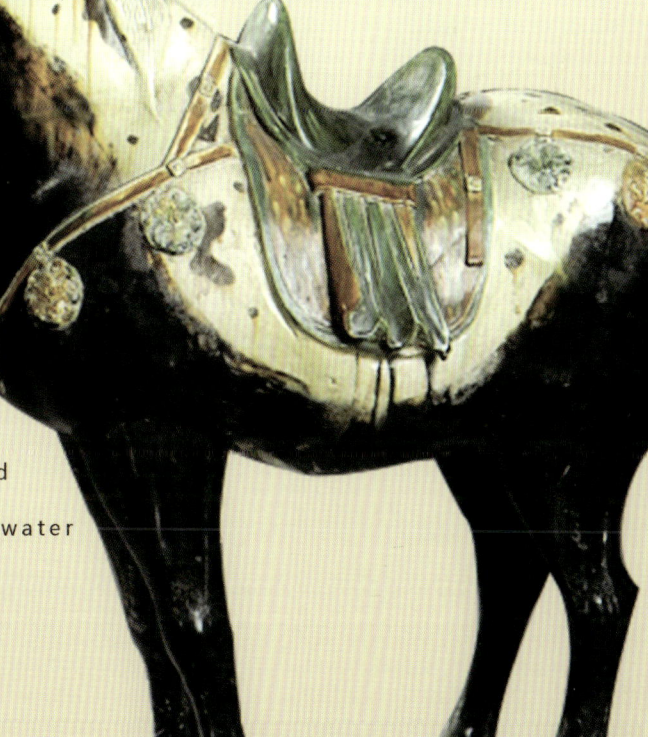

隋唐洛阳城平面图

隋唐洛阳城遗址位于今洛阳市区洛河两岸，东周王城和汉魏故城之间，向南正对伊阙阙口的地域。始建于公元605年，"南直伊阙，北倚邙山，左瀍右涧，洛水贯其中"，规模宏大，是当时世界上最大的城市。整座城址平面大致呈南宽北窄的梯形，由宫城、皇城、外郭城、含嘉城及其附属小城圆璧城、曜仪城等组成。外郭城周长27.5公里，四面有定鼎门等10座城门。皇城和宫城位于都城西北域，帝王宫殿遍布于城内外，隋代著名的有乾阳殿、大业殿，唐代著名的有天堂、明堂、上阳宫。外郭城与皇城之间为里坊，隋有132坊，唐103坊。里坊之间设市场，共3市。街道纵横交错，里坊规划严整，十二街如种菜畦"，为日本等邻国的都城所仿效。2007年隋唐洛阳城被国家列为全国大遗址保护的重大项目。

隋朝时期

（公元 605～618 年）

隋朝时期

公元 605 年，隋炀帝继位，即下令营建东都洛阳，同时开凿大运河。公元 610 年，大运河完工。大运河以洛阳为中心，以通济渠、永济渠为"人"字状延伸，沟通了海河、黄河、淮河、长江、钱塘江五大水系，北通涿郡，南达余杭，全长 2700 多公里。隋炀帝时期开凿的大运河是世界上最长的人工河，它与长城并列，同为中国古代最伟大的工程。

大运河开通后，洛阳不仅是全国的政治中心，还成为经济中心、交通中心、商业中心、国际著名大都会。隋炀帝乘龙舟从洛阳出发，三游江都，三征高丽。洛河"天下舟船所集，常万余艘"，沿岸建含嘉仓、回洛仓、兴洛仓、子罗仓等，"储米粟多者千万石"。洛水浩淼，杨柳倒影，洛阳也由此出现了"洛浦秋风""天津晓月"的迷人风光。

洛阳考古发现的漕运码头、含嘉仓、回洛仓等为重要组成部分的大运河，已被列入中国世界文化遗产预备名单。

含嘉仓粮窖分布平面图

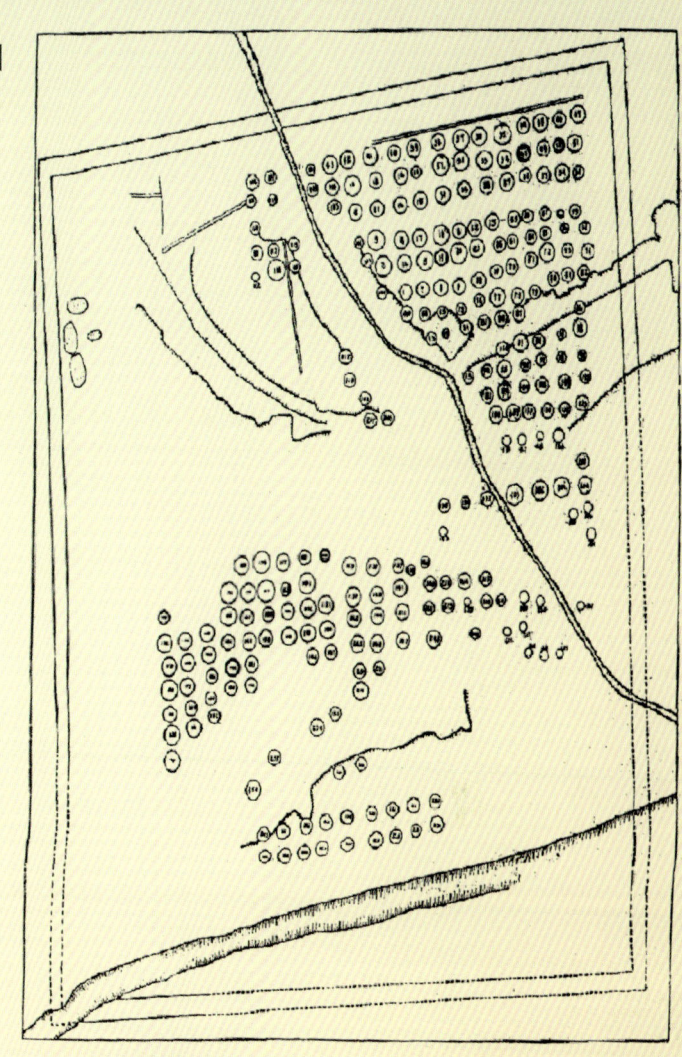

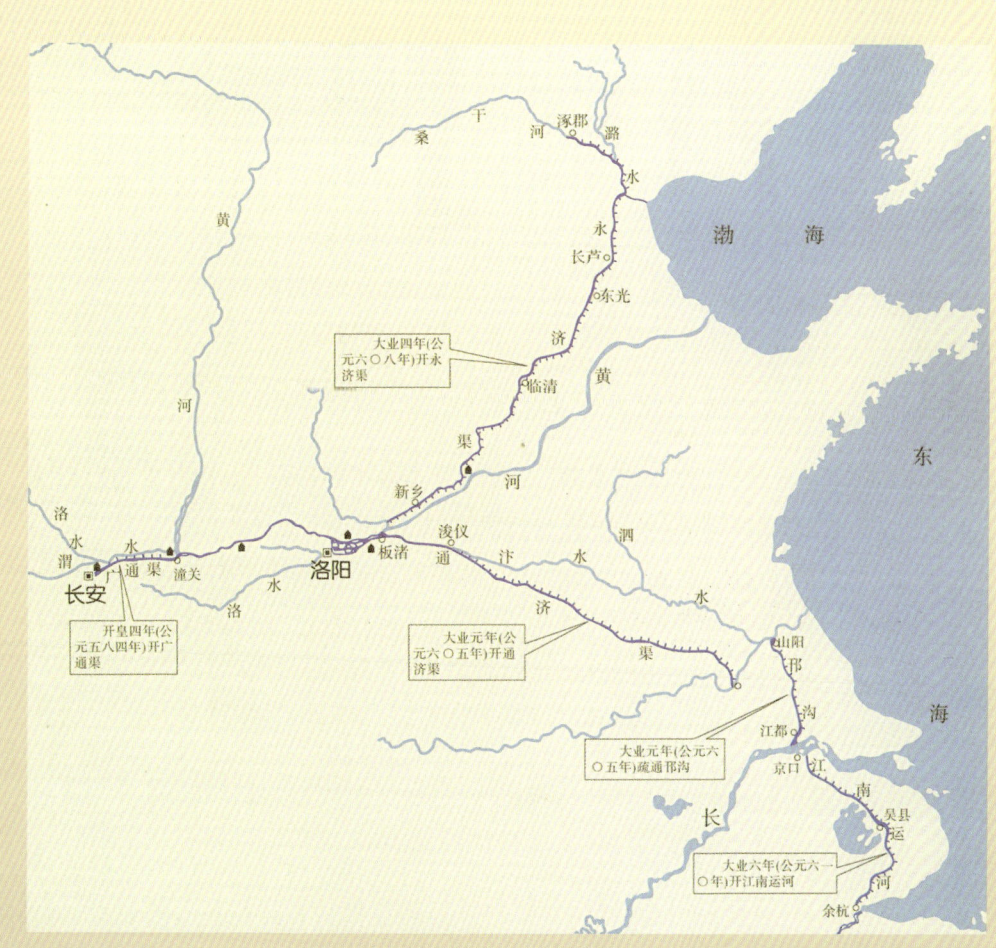

隋唐大运河图

隋唐时期
Sui and Tang Periods

青釉高足盘

隋朝（公元 605～618 年）
1985 年洛阳偃师出土
高 10.2 厘米
Celadon plate with high foot
Sui Dynasty (605～618AD)
Excavated from Yanshi, Luoyang, 1985
Height:10.2cm

喇叭形敞口，高圈足。二次涂釉由盘至足腰，涂豆青釉，圜底内露瓷胎，施半釉，圈足露胎部分施化妆土，较为罕见。

青釉桥形四系罐

隋朝（公元 605～618 年）
洛阳出土
高 26.2 厘米
Celadon jar in the shape of bridge with four loops
Sui Dynasty(605～618AD)
Excavated from Luoyang
Height:26.2cm

直口，平沿，圆肩，下收腹，平底。肩上部有四个方系。通体墨青色，素面，有凹凸点。

石 狮

隋朝(公元 605～618 年)
1965 年洛阳西工区隋含元殿遗址出土
高 96 厘米
Stone lion
Sui Dynasty (605～618AD)
Excavated from Xigong District, Luoyang, 1965
Height:96cm

　　张口露齿，缩颈突胸。前肢支撑于地，后肢蜷屈作蹲坐状。在狮胸部、颈部雕出宽厚的隆起，浅雕出图案化螺旋形毛鬈。在含元殿遗址发现，属宫殿石刻。

唐朝时期

（公元618~907年）

唐朝时期

公元690年，中国唯一的女皇武则天在洛阳登基，称东都为"神都"，改唐国号为周，史称"武周"。武则天在洛阳称帝15年，执政共48年。这一时期上承"贞观之治"，下启"开元盛世"，是唐朝社会经济的重要转型期。她修建天堂、明堂、上阳宫、天枢等一系列规制宏丽的朝堂礼制建筑，同时，修建龙门香山寺，开凿龙门奉先寺，并派军大破吐蕃，收复安西四镇，破契丹、突厥，设北庭都护府，扩大了疆域，安定了边境。丝绸之路畅通，商贾络绎不绝，经济繁荣，文化繁盛，百姓安居乐业。

隋唐时期政治经济的昌盛以及工商业贸易的繁荣，都为这一时期手工业发展创造了丰厚的物质基础和社会需求，并且伴随着丝绸之路的中外贸易往来，手工业成为国家经济的重要组成部分。唐朝制作工艺门类品种齐全，技艺高超，东都洛阳集中了全国的能工巧匠，并由政府机构专门管理，因此，瓷器、陶俑的烧制都达到了较高水准，金银器、铜镜、玉石器制作十分精美。具有独特风格的釉陶工艺品——唐三彩就出现在这一个时期。

洛阳是唐三彩的故乡。1976年在巩义大黄冶村和小黄冶村发现的唐三彩古窑址是我国目前发现的规模最大的三彩釉陶产地。巩义当时为东都京畿，这里烧制出来的三彩运往东都，输至长安，达于全国，并由丝绸之路流入西域诸国和东亚、东南亚，更远届非洲大陆。

隋唐时期丝绸之路路线图

世界范围内唐三彩发现分布图

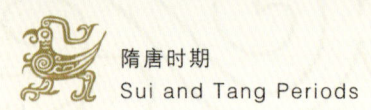

隋唐时期
Sui and Tang Periods

彩绘陶乐舞女俑

唐朝（公元618～907年）
1991年洛阳孟津唐墓出土
高19.5～28.7厘米
Painted pottery figurine of dancers and musicians
Tang Dynasty (618～907AD)
Excavated from the tomb of the Tang Dynasty ,Mengjin County, Luoyang, 1991
Height:19.5～28.7cm

  一组十人，均施彩绘。乐俑六人，均跽坐状。头梳双髻，粉面朱唇，眉心间饰紫色花钿，身着半臂衫，长裙铺地，作吹奏或弹奏乐器状。四舞者面部丰满圆润，表情温婉。其中二俑头绾高髻，髻前插一朵六瓣梅花形饰，身着翻领半臂长襦衫和曳地长裙；二俑头梳双髻，身着圆领短袖衫和曳地长裙。二俑足穿尖头靴，身体微前倾，扬袖摆腰，翩翩起舞。此组陶俑塑造比例准确，形体异常优美，生动地反映了唐朝乐舞的场面。是唐代陶塑艺术中的典型代表。

唐朝时期·文物精粹

320⋯321

隋唐时期
Sui and Tang Periods

彩绘三牛图陶樽

唐朝（公元 618～907 年）
1998 年洛阳偃师唐恭陵"哀"皇后墓出土
高 14 厘米
Painted pottery Zun with three-ox design
Tang Dynasty (618～907AD)
Excavated from the empress's tomb of Gong Mausoleum, Yanshi, Luoyang, 1998
Height:14cm

　　口微敛，腹微鼓，平底，三兽蹄足。通体施红彩，下腹部绘有形象生动的三牛图，笔意极似唐韩滉的《五牛图》。

彩绘山水图陶罐

唐朝（公元 618～907 年）
1998 年洛阳偃师唐恭陵"哀"皇后墓出土
高 14.2 厘米
Painted pottery jar with mountains-and-waters design
Tang Dynasty (618～907AD)
Excavated from the empress's tomb of Gong Mausoleum, Yanshi, Luoyang, 1998
Height:14.2cm

　　小敞口，束颈，圆肩，鼓腹，平底。通体施白彩，腹部彩绘有一周完整的山水图。器型虽常见，但彩绘山水图却极为罕见。

隋唐时期
Sui and Tang Periods

辟雍陶砚

唐朝（公元 618 ～ 907 年）
洛阳出土
高 12.1 厘米
Pottery Pi Yong inkslab
Tang Dynasty (618 ～ 907AD)
Excavated from Luoyang
Height:12.1cm

　　圆台形，砚面高出。深水槽环绕，卷沿，斜肩。肩部饰连贝纹和连瓣纹，圈足为透雕的 21 个人头兽足排列于圆座上。辟雍砚形制奇特，是不可多得的陶质艺术品。

彩绘驯马陶俑及马

唐朝（公元 618～907 年）
1988 年洛阳唐墓出土
马高 40 厘米　人高 35 厘米
Painted pottery horse and horse trainer
Tang Dynasty (618～907AD)
Excavated from Luoyang, 1988
Horse Height:40cm　Trainer Height:35cm

　　由马俑和人俑组成。马鞍、鞯俱全，通身饰以朱彩。体态匀称，肌肉丰满，筋骨分明；马颈高扬，马头内勾，张口嘶鸣，前肢一蹄支撑于地，另一蹄弯曲高抬，马后背下坐，后腿弯曲，三蹄紧扣于地，重心向后，浑身肌肉紧张，作欲挣脱缰绳状。驯马者头戴幞头，身着窄袖圆领衫，外套翻领短袖褂，衣袖挽至肘部；下着开裆长裤，足穿尖靴。两腿跨立，身体前倾，双臂伸展，左手伸拳，右手握拳拉缰，袒胸露怀，青筋突鼓，瞠目咬唇，扭头向右看马，作用力牵马状。人马对视，相互向后用力。形象地反映了当时驯马的场面。

隋唐时期
Sui and Tang Periods

彩绘陶骑马乐俑

唐朝（公元 618～907 年）
1998 年洛阳偃师唐柳凯夫妇墓出土
高 31～34 厘米

Painted pottery musicians on horse
Tang Dynasty (618～907AD)
Excavated from the tomb of Liukai and his wife, Yanshi, Luoyang, 1998
Height: 31～34cm

  共十件。或骑立在马背上侧身作吹笛状，或盘腿双手握拳抬起作击鼓状，或昂首，一臂扬起，手置于嘴旁作吹哨状，或静坐吹排箫状。骑马击鼓俑面含微笑，骑马吹箫、吹笛俑则文雅恬静。马形象的刻画也别具特色，个个神情安详、温顺。此组陶俑均施彩绘，生动贴切地再现了唐朝骑马奏乐的情景。

彩绘陶骑马俑

唐朝（公元 618～907 年）
1998 年洛阳偃师唐恭陵"哀"皇后墓出土
平均通高 38 厘米
Painted pottery figurines on horse back
Tang Dynasty (618～907AD)
Excavated from the empress's tomb of Gong Mausoleum, Yanshi, Luoyang, 1998
Average Height in all:38cm

　　俑骑马上，有单髻女俑、桥形笼冠男乐俑、风帽男侍俑、蹼帽男俑。马匹有红、白两色。此俑群人物姿态各异，釉色艳丽。出土于唐朝皇后墓葬，规格较高。

隋唐时期
Sui and Tang Periods

彩绘陶胡商俑

唐朝（公元618～907年）
1952年洛阳县文教局采集
高23.5厘米
Painted pottery Hu people
Tang Dynasty (618～907AD)
Collected from Luoyang, 1952
Height:23.5cm

　　头戴尖毡帽，深目高鼻，大胡须。身着右衽翻领短袍，腰系带，作躬身弯腰步行状。右手携货囊于背，左手提一单把波斯式壶。全身原施粉彩。是唐朝胡俑形象。

彩绘陶骆驼

唐朝（公元 618 ~ 907 年）
1990 年洛阳偃师出土
通高 22.8 厘米
Painted pottery camel
Tang Dynasty (618 ~ 907AD)
Excavated from Yanshi, Luoyang, 1990
Height in all:22.8cm

呈卧状，昂首，张嘴，挺胸，尖耳竖起。背部双峰垫有椭圆形垫毯，饰以圆点状纹饰，朱、墨涂绘，上搭朱色虎头包，墨彩点缀，前腿微露于腹下，后腿呈跪姿于臀后，尾部下垂。

隋唐时期
Sui and Tang Periods

黄釉伶俑

唐朝（公元 618～907 年）
1981 年洛阳龙门安菩墓出土
高 39 厘米
Yellow glazed pottery figurine of a female performer
Tang Dynasty (618～907AD)
Excavated from the tomb of Anpu, Longmen, Luoyang, 1981
Height:39cm

　　头戴高宝冠，着黄釉大翻领、束腰长袍，足穿尖靴。左手下垂，右手曲抬，臀部向右扭动。伶人形象，为以往出土三彩俑中少见，是研究我国古代戏剧人物的重要实物资料。

绿釉男侍俑

唐朝（公元 618～907 年）
1981 年洛阳龙门安菩墓出土
高 28 厘米
Green glazed pottery male servant
Tang Dynasty (618～907AD)
Excavated from the tomb of Anpu, Longmen, Luoyang, 1981
Height:28cm

　　头戴黑幞帽，粉面、红唇，黑眉目、胡须，身着绿釉矮领长衫，腰束带，袖手于腹部，足蹬靴。

隋唐时期
Sui and Tang Periods

黄釉男胡俑

唐朝（公元 618～907 年）
1972 年洛阳涧西区出土
高 30 厘米

Yellow glazed pottery Hu people
Tang Dynasty (618～907AD)
Excavated from Jianxi District, Luoyang, 1972
Height:30cm

深目高鼻，满脸胡须。头戴毡帽，身着圆领窄袖长袍，腰系带，足着靴。右手握拳前曲于胸前，左手握拳下垂于腰间，双脚并立于底板之上。

黄釉执壶男胡俑

唐朝（公元 618～907 年）
1981 年洛阳马坡采集
高 28.5 厘米
Yellow glazed pottery Hu people holding a pot
Tang Dynasty (618～907AD)
Collected from Luoyang, 1981
Height:28.5cm

　　头戴毡帽，深目高鼻，鼻子下面有两撇八字胡。上身着一长袍，腰间束带，下着窄裤。右手提一单把波斯壶，左手伸于胸前，双腿并立于底板。通体施黄绿釉。是一典型的胡人形象。

隋唐时期
Sui and Tang Periods

三彩女立俑

唐朝（公元 618～907 年）
洛阳北窑出土
高 45 厘米
Three-color glazed pottery female standing figurine
Tang Dynasty (618～907AD)
Excavated from Beiyao, Luoyang
Height:45cm

　　发髻残缺。面庞丰满，身材修长。装束淡雅，上身着黄白斑点的襦衣和披帛，配以深浅绿色相间的曳地长裙，尖头履，左手握衣带，右手平举至胸部。神态自然，代表了标准健美的唐朝妇女形象。

绿釉男胡俑

唐朝（公元618～907年）
1952年洛阳县文教局采集
高30厘米
Green glazed pottery Hu people
Tang Dynasty (618～907AD)
Collected from Luoyang, 1952
Height:30cm

　　头裹巾，身着绿色开胸束腰长衫，足着红色长筒尖靴。浓眉高鼻，络腮胡须，左手握腰带，右手上曲右胸前握拿领角，袒胸伫立，侧头嬉笑。

隋唐时期
Sui and Tang Periods

三彩鹦鹉髻女俑

唐朝（公元 618 ～ 907 年）
1972 年洛阳涧西区唐墓出土
高 33.4 厘米
Three-color glazed pottery female figurine in a parrot-like hairstyle
Tang Dynasty (618 ～ 907AD)
Excavated from Jianxi District, Luoyang, 1972
Height:33.4cm

　　站立状，头梳鹦鹉发髻，白色长袖襦衣，黄色长裙高束于胸际，绶带两条飘垂于膝下，蓝色披肩搭于胸肩，右手反置身后，左手曲置于胸前。是唐朝宫廷妇女形象。

三彩女坐俑

唐朝（公元 618 ～ 907 年）
1964 年洛阳瀍河区唐墓出土
高 26 厘米
Three-color glazed pottery female sitting figurine
Tang Dynasty (618 ～ 907AD)
Excavated from Chanhe District, Luoyang, 1964
Height:26cm

　　垂发束髻，着绿短连衣裙，内衬黄长袖襦衣，胸前系绿绶带，肩披白巾，双脚相交，手置于左膝，坐于黄色束腰圆座之上。女俑面部圆润丰满，坐姿自然，是唐朝宫廷贵妇形象，体现了唐朝以胖为美的审美观。

隋唐时期
Sui and Tang Periods

三彩男伶俑

唐朝（公元 618～907 年）
1981 年洛阳龙门安菩墓出土
高 36 厘米
Three-color glazed pottery male player
Tang Dynasty (618～907AD)
Excavated from the tomb of Anpu, Longmen, Luoyang, 1981
Height:36cm

　　站立于底板上，头戴黑色绣花高帽，身着大翻领窄袖束腰长衫。面部丰满圆润，左手下垂，右手曲肘侧举，足蹬尖头高靴。通体施绿釉，领、足施黄釉。是唐朝艺人形象。

三彩拱手女俑

唐朝（公元 618～907 年）
1972 年洛阳涧西区唐墓出土
高 33 厘米

Three-color glazed pottery female figure
Tang Dynasty (618～907AD)
Excavated from Jianxi District, Luoyang, 1972
Height:33cm

　　左右两髻垂耳际，额顶一单髻，着长袖无领短襦，绿裙束腰，披赭色飘带，两手拱于胸前，作站立状。是唐朝宫女形象。

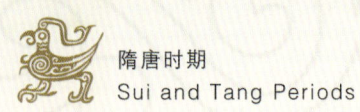
隋唐时期
Sui and Tang Periods

三彩胡帽男牵引俑

唐朝（公元 618～907 年）
1981 年洛阳龙门安菩墓出土
高 67.5 厘米
Three-color glazed pottery male pulling figurine with a hood
Tang Dynasty (618～907AD)
Excavated from the tomb of Anpu, Longmen, Luoyang, 1981
Height:67.5cm

　　青年胡人形象，头发卷曲，头戴高胡帽，内穿短裙，外穿窄袖大翻领长衣，腰系宽带和布囊，足着长筒靴，双手作牵引状。体形高大，从卷曲的头发判断应为胡人。反映了唐朝中外的友好往来。

唐朝时期·文物精粹

三彩幞帽男牵引俑

唐朝（公元618～907年）
1981年洛阳龙门安菩墓出土
高61.5厘米
Three-color glazed pottery male pulling figurine with a hood
Tang Dynasty (618～907AD)
Excavated from the tomb of Anpu, Longmen, Luoyang, 1981
Height:61.5cm

　　中年汉人形象，八字胡须，头戴黑色幞帽，内穿黄衣，系短围裙，外套绿色大翻领黄长衣，腰系袋囊，脚着绿色长筒尖靴，两手前曲作牵引状。真实地刻画出了为主人服务的马夫形象。

隋唐时期
Sui and Tang Periods

三彩胡人男牵引俑

唐朝（公元 618～907 年）
1981 年洛阳龙门安菩墓出土
高 59 厘米
Three-color glazed pottery minority nationality pulling figurine
Tang Dynasty (618～907AD)
Excavated from the tomb of Anpu, Longmen, Luoyang, 1981
Height:59cm

　　胡人形象，深目高鼻，头戴折沿高顶帽，身穿黄色大翻领长衫，足蹬长筒尖靴，双手曲置胸前作牵引状。

三彩胡人男牵引俑

唐朝（公元 618～907 年）
1963 年洛阳关林唐墓出土
高 66 厘米
Three-color glazed pottery minority nationality pulling figurine
Tang Dynasty (618～907AD)
Excavated from Guanlin, Luoyang, 1963
Height:66cm

　　胡人形象，深目高鼻，头戴折沿高顶帽，身穿黄色大翻领长衫，足蹬长筒尖靴，双手曲置胸前作牵引状。

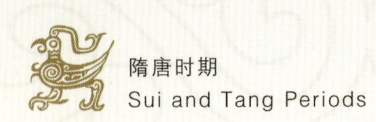

隋唐时期
Sui and Tang Periods

三彩男骑马击鼓俑

唐朝（公元 618～907 年）
洛阳出土
高 38 厘米
Three-color glazed pottery male horse-backing figurine beating a drum
Tang Dynasty (618～907AD)
Excavated from Luoyang
Height:38cm

　　俑戴白帷帽，身着窄袖绿袍，右胯前挂一红色鼓，双手平抬作击鼓状。马身施淡绿色釉，头尾施红色釉。马面白额，立于白色底板之上。从一个侧面再现了唐朝，特别是盛唐时期生活中的礼乐活动。

三彩男骑马俑

唐朝（公元618～907年）
洛阳出土
高42厘米
Three-color glazed pottery male horse-backing figurine
Tang Dynasty (618～907AD)
Excavated from Luoyang
Height:42cm

　　马站立于长方形平板上，低头长嘶，双眼圆睁，双耳竖立，肌肉丰满，形态矫健，通体为棕红色釉加白斑点，配有白色障泥和马鞍。马鞍上骑坐一男俑，头戴风帽，面部丰腴，双手平举似持缰状，身着棕红色翻领、窄袖紧腰绿大衣，脚穿绿色马靴。反映了唐朝驯马、骑马的风尚。

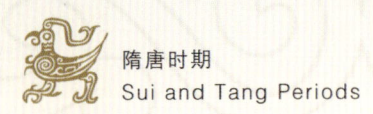

隋唐时期
Sui and Tang Periods

三彩风帽女骑马俑

唐朝（公元618～907年）
1958年洛阳采集
高38.4厘米
Three-color glazed pottery female horse-backing figurine with a hood
Tang Dynasty (618～907AD)
Collected from Luoyang, 1958
Height:38.4cm

　　马站立于长方形平板上，低头长嘶，双目圆睁，双耳竖立，肌肉丰满，通体为棕红色釉加白斑点，配有白色障泥和马鞍。马鞍上骑坐一女俑，头戴风帽，面部丰腴，双手平举似持缰状，身着棕红色翻领、窄袖紧腰绿大衣，脚穿绿色马靴，显现出盛唐时代妇女的气质，马的造型也显示出彪悍雄健的气势，极具时代特色。

三彩文官俑

唐朝（公元618～907年）
1981年洛阳龙门安菩墓出土
通高112厘米
Three-color glazed pottery civil official
Tang Dynasty (618～907AD)
Excavated from the tomb of Anpu, Longmen, Luoyang, 1981
Height in all:112cm

　　头戴黑色梁冠，内穿白色长襦衣，外套长袖绿色短褂，袖为黄、白花斑，上身系黄、绿斑点的两裆铠，足着绿色云头翘靴，面带微笑，双手执白色笏板，拱于胸前，直立于半圆座上。

隋唐时期
Sui and Tang Periods

三彩鸟冠文官俑

唐朝（公元618～907年）
1981年洛阳龙门安菩墓出土
高113厘米

Three-color glazed pottery civil official
Tang Dynasty (618～907AD)
Excavated from the tomb of Anpu, Longmen, Luoyang, 1981
Height:113cm

冠上饰鸟，面带微笑，上着褐黄色宽袖上衣，袖口镶绿边，下着白色长裤，腰系带，足着尖头履，两手执白色笏板于胸前，直立于半圆形台座上。

唐朝时期·文物精粹

三彩射箭天王俑

唐朝（公元618～907年）
洛阳出土
通高91.5厘米
Three-color glazed pottery lokapola
Tang Dynasty (618～907AD)
Excavated from Luoyang
Height in all:91.5cm

　　身着翻领紧身甲，肩饰兽头，足穿长筒尖靴，脚踏卧牛于座上，左手平伸，右手弯曲上举作射箭状，目视左前方。施绿、白釉。

隋唐时期
Sui and Tang Periods

三彩天王俑

唐朝（公元 618～907 年）
1981 年洛阳龙门安菩墓出土
通高 113 厘米

Three-color glazed pottery lokapola
Tang Dynasty (618～907AD)
Excavated from the tomb of Anpu, Longmen, Luoyang, 1981
Height in all:113cm

　　头戴鹰饰盔，身着战袍，外套铠甲，袖及甲的周边饰褐黄釉，前胸左、右有凸起的鹰嘴，腿缚护膝，足踏尖头靴。一手握拳上举，一手叉腰，双足踏卧牛，竖眉，鼓眼，怒目而视。天王在佛教中是护法之神，唐墓中所出现的天王俑作用则是在地下辟邪护墓。

隋唐时期
Sui and Tang Periods

三彩人面镇墓兽

唐朝（公元 618 ～ 907 年）
1972 年洛阳关林唐墓出土
高 104 厘米
Three-color glazed pottery tomb-guarding animal with figurine-mask
Tang Dynasty (618 ～ 907AD)
Excavated from Luoyang, 1972
Height:104cm

人面兽身，头顶生螺旋独角，圭形项背，腰部两侧各有一刺一翼，牛蹄足，蹲坐于台座上。通体多施赭釉；头、腿部施白釉；胸、腹前施绿、赭釉，掺杂白斑及绿釉。

三彩人面镇墓兽

唐朝（公元 618～907 年）
1981 年洛阳龙门安菩墓出土
通高 103.5 厘米
Three-color glazed pottery tomb-guarding animal with figurine-mask
Tang Dynasty (618～907AD)
Excavated from the tomb of Anpu, Longmen, Luoyang, 1981
Height in all:103.5cm

　　人面兽身，大胡须，长发竖似角，两侧长有宽大的兽身，胸侧长绿色的大翅膀。四肢为白色牛蹄，蹲于长方形座上。

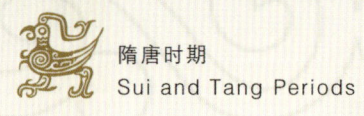

隋唐时期
Sui and Tang Periods

三彩人面镇墓兽

唐朝（公元 618～907 年）
1979 年洛阳市郊出土
通高 103.5 厘米
Three-color glazed pottery tomb-guarding animal with figurine-mask
Tang Dynasty (618～907AD)
Excavated from Suburb Luoyang 1979
Height in all:103.5cm

  人面兽身，头长高大曲角，宽耳，粗眉突目，狮鼻大口。身长双翅，胸部前凸，蹄足，蹲于高方座之上，通体施黄、绿、白釉，组成点状纹饰。造型奇异，釉色艳丽。

三彩兽面镇墓兽

唐朝（公元 618～907 年）
1981 年洛阳龙门安菩墓出土
通高 103 厘米
Three-color glazed pottery tomb-guarding animal with animal-mask
Tang Dynasty (618～907AD)
Excavated from the tomb of Anpu, Longmen, Luoyang, 1981
Height in all:103cm

　　狮面，獠牙大耳，蹲踞于须弥式台座上，镇墓兽头顶火焰状大角，并有弧形小角。通体间饰黄、绿、白三色釉。威武高大，釉色匀称。

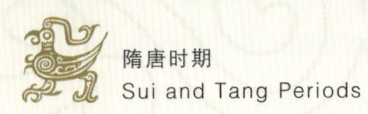
隋唐时期
Sui and Tang Periods

三彩兽面镇墓兽

唐朝（公元 618～907 年）
1972 年洛阳关林唐墓出土
高 96 厘米
Three-color glazed pottery tomb-guarding animal with animal-mask
Tang Dynasty (618～907AD)
Excavated from Luoyang, 1972
Height:96cm

　　狮面兽身，头上两鹿角，张口瞠目。褐釉马鬃，绿釉鹏翅，牛蹄足，前两腿和后臀支撑于底座。通体多施赭釉，前胸施绿釉白斑，双膀由卷草纹构勒，腹部及双腿施赭色釉。

三彩兽面镇墓兽

唐朝（公元618～907年）
1963年洛阳唐墓出土
高90.5厘米
Three-color glazed pottery tomb-guarding animal with animal-mask
Tang Dynasty (618～907AD)
Excavated from Luoyang, 1963
Height:90.5cm

　　狮形，突目张开，头后顶部饰火焰状大角，额头双曲角，大耳从头部延至后背，前胸两侧长一对大翅膀，双蹄足，蹲踞方座上。通体施黄、绿、白釉。

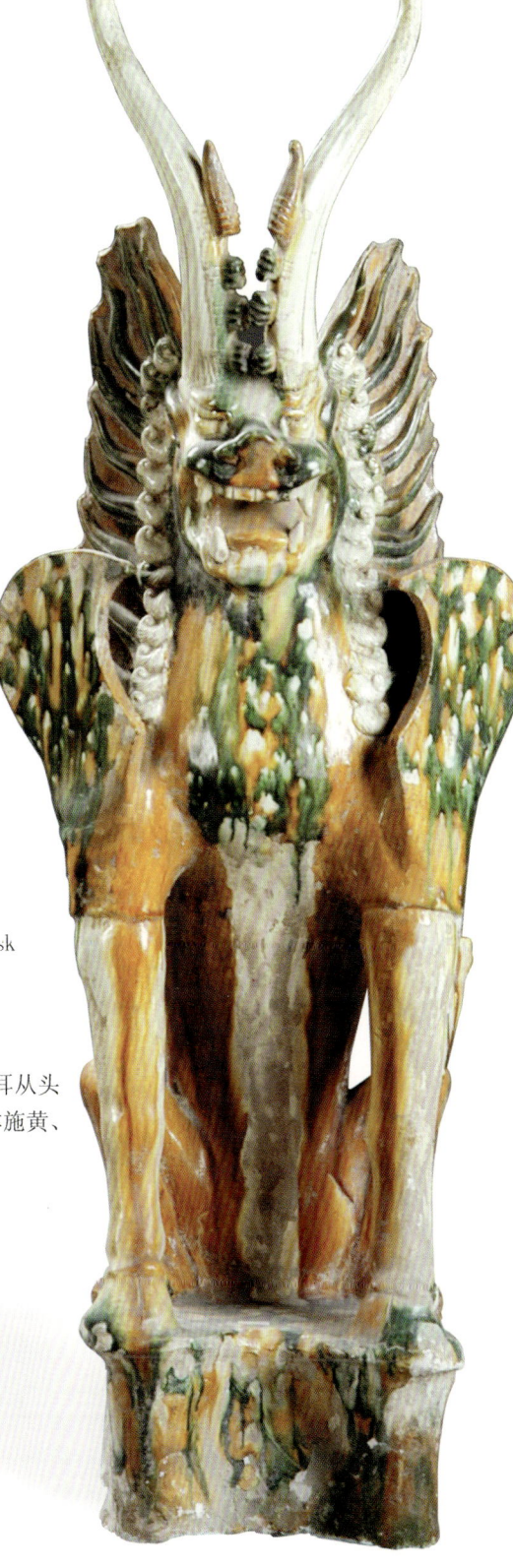

隋唐时期
Sui and Tang Periods

红釉马

唐朝（公元 618～907 年）
1972 年洛阳关林唐墓出土
高 64 厘米
Red glazed horse
Tang Dynasty (618～907AD)
Excavated from Luoyang, 1972
Height:64cm

  头颈自然前昂，四足静立于长方形底板之上。身部圆肥，丰满健壮。通体施红色釉，间有白色花斑。全身为赤酱色，面部和躯体有白斑花。

三彩红釉白斑马

唐朝（公元 618～907 年）
1983 年洛阳邙山墓葬出土
高 79 厘米
Three-color glazed pottery horse
Tang Dynasty (618～907AD)
Excavated from Luoyang, 1983
Height:79cm

　　站立状。抬头鸣叫，竖耳，束尾。革带上饰垂花饰，中一卧蛙。身施棕色釉白环斑，三彩鞯，白鞍绘朱黑彩。系唐朝军用马形象。

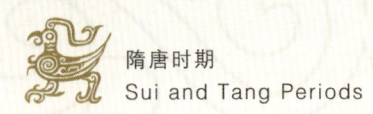
隋唐时期
Sui and Tang Periods

绿釉载丝骆驼

唐朝（公元 618～907 年）
洛阳出土
高 49.5 厘米
Green glazed pottery camel loading silk
Tang Dynasty (618～907AD)
Excavated from Luoyang
Height:49.5cm

　　短颈高背，昂首嘶鸣状，前后颈和前上腿有长毛，细尾下垂斜贴于臀部，下踏长方形底板。背上铺圆毯，两峰之间置一驮囊，驮囊两侧挂有水壶和丝绢等物。驼身施黄绿釉。头顶、面部和颈部呈棕褐色，毛为灰黄色。具有早期三彩特征。

三彩白釉马

唐朝（公元 618～907 年）
1981 年洛阳龙门安菩墓出土
高 70 厘米
Three-color white glazed pottery horse
Tang Dynasty (618～907AD)
Excavated from the tomb of Anpu, Longmen, Luoyang, 1981
Height:70cm

　　头曲昂，四足挺立。通体施白釉，革带上饰桃形垂饰，鞍外披黄、白、绿三色相间花毯，短尾上翘。

隋唐时期
Sui and Tang Periods

三彩马

唐朝（公元 618～907 年）
1965 年洛阳出土
高 32 厘米
Three-color glazed pottery horse
Tang Dynasty (618～907AD)
Excavated from Luoyang, 1965
Height:32cm

　　站立状，曲颈垂首，全身施棕黄色釉。蓝、白釉相间长鬃披于左颈上，鞍上搭蓝、白色障泥，蓝色革带上系 12 枝白色变体宝相花垂饰。

三彩嘶鸣骆驼

唐朝（公元618～907年）
1981年洛阳龙门安菩墓出土
高82厘米
Three-color glazed pottery camel neighing
Tang Dynasty (618～907AD)
Excavated from the tomb of Anpu, Longmen, Luoyang, 1981
Height:82cm

　　颈上曲，头昂扬，张口嘶鸣，四足挺立于长方形底板之上。面部、两峰、下腹及附毛均为白色，体为棕黄色。背上垫绿底黄花毯，毯上并饰有斜格和小圆圈的几何图案。毯上釉色下流至腹部形成花斑。

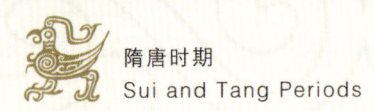
隋唐时期
Sui and Tang Periods

三彩白釉马

唐朝（公元 618～907 年）
1972 年洛阳唐墓出土
高 73.1 厘米
Three-color white glazed pottery horse
Tang Dynasty (618～907AD)
Excavated from Luoyang, 1972
Height:73.1cm

　　双目凝视前方，竖耳，足站方板之上，背部鞍、鞯俱全，头胸背等多处有革带，上饰桃形垂饰，全身施白釉。是唐朝军马形象。

三彩黑釉马

唐朝（公元618～907年）
1981年洛阳龙门安菩墓出土
高72.5厘米
Three-color black glazed pottery horse
Tang Dynasty (618～907AD)
Excavated from the tomb of Anpu, Longmen, Luoyang, 1981
Height:72.5cm

　　抬头，四足挺立，通体饰黑釉，唯头、鬃、背、尾及蹄为白色釉，间施酱黄色花斑。鞍、鞯俱全。背置绿花毯及绿鞍，革带上有垂饰15枚。黑釉为唐三彩器中少见。

隋唐时期
Sui and Tang Periods

三彩贴杏叶饰白釉马

唐朝（公元618～907年）
1981年洛阳龙门安菩墓出土
高75厘米
Three-color white glazed pottery appliqued horse
Tang Dynasty (618～907AD)
Excavated from the tomb of Anpu, Longmen, Luoyang, 1981
Height:75cm

  四足挺立，头颈上昂，目视前方，体大骠肥，刚健有力，全身施釉。除鬃毛和蹄足为棕黄色外，均为白釉。鞍下垫绿边花毯，外披绿色布套，绿色革带系黄色杏叶形垂饰13枚。

三彩载丝绢骆驼

唐朝（公元 618～907 年）
1983 年洛阳徐村唐墓出土
高 84 厘米
Three-color glazed pottery carrying camel
Tang Dynasty (618～907AD)
Excavated from Luoyang, 1983
Height:84cm

　　昂首嘶鸣，作站立状。全身施黄、白、绿釉，背部鞍、鞯俱全，峰间有皮囊，双兽面囊口。两侧挂有绢丝、酒瓶、食物等。表现了中亚人到中国内地经商，满载丝绢归途的形象，反映了唐朝中原与中亚之间通商和友好往来的关系。

隋唐时期
Sui and Tang Periods

三彩绿障泥红釉马

唐朝（公元 618～907 年）
1981 年洛阳龙门安菩墓出土
高 75 厘米
Three-color red glazed pottery horse with green mud block
Tang Dynasty (618～907AD)
Excavated from the tomb of Anpu, Longmen, Luoyang, 1981
Height:75cm

　　四足挺立，头颈上昂，目视前方，体大骠肥，刚健有力，通体施棕褐色釉，头颈及身上系白色革带，上系 14 枚蟾蜍纹垂饰，背部有鞍。外披绿毯，当是西域大宛等地的中亚良马形象。

唐朝时期·文物精粹

二彩载人骆驼

唐朝（公元618～907年）
1965年洛阳关林唐墓出土
高38厘米
Three-color glazed pottery camel with a figurine on the back
Tang Dynasty (618～907AD)
Excavated from Guanlin, Luoyang, 1965
Height:38cm

  昂首直立于长方形托板上，体施白釉，颈部和四肢有棕红色长毛。背上垫一蓝绿色毯子，两峰间置一大型兽面驮囊，下垫夹板，在夹板外露的各端分别系有猪、鱼、圆口小瓶和凤头壶，驮囊前后置有绿色丝卷，绢上坐一小人。一手扶峰，一手扬起，作驾驼状，俑为汉人形象，所载货物为我国特产，是反映中西经济贸易发展情况的重要实物。

隋唐时期
Sui and Tang Periods

黄釉尖嘴狗

唐朝（公元 618～907 年）
1972 年洛阳矿山厂唐墓出土
高 16 厘米
Yellow glazed pottery dog
Tang Dynasty (618～907AD)
Excavated from Luoyang, 1972
Height:16cm

　　尖嘴，平额。两大耳侧斜。凸胸直颈，弓腰，长粗尾下垂。双目平视前方，颈部拴绳，四足站立于椭圆形的圈座之上，全身施黄釉。

三彩狮子狗

唐朝（公元 618～907 年）
洛阳新安出土
高 7 厘米
Three-color glazed pottery dog
Tang Dynasty (618～907AD)
Excavated from Xin'an County, Luoyang
Height:7cm

　　站立状。张口，圆腹，狗尾上卷，贴于后背。通体施三彩。

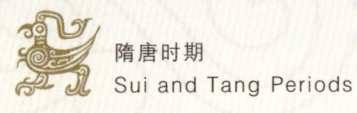
隋唐时期
Sui and Tang Periods

三彩蓝釉白斑马

唐朝（公元 618 ～ 907 年）
1965 年洛阳唐墓出土
高 32.5 厘米
Three-color blue glazed pottery horse
Tang Dynasty (618 ～ 907AD)
Excavated from Luoyang, 1965
Height:32.5cm

　　站立状。颈部自然前伸，目视前方，身施蓝釉加白斑、白鬃、绿鞍，白边鞯。头、颈、背等系黄色革带，上系 13 枚黄色桃形垂饰。

三彩载丝绢骆驼

唐朝（公元618～907年）
1963年洛阳关林唐墓出土
高81.2厘米
Three-color glazed pottery camel loading silk
Tang Dynasty (618～907AD)
Excavated from Guanlin, Luoyang, 1963
Height:81.2cm

  行进状，昂首嘶鸣。背负驼囊丝绢，体施白釉，颈下、四肢上部施褐釉以饰驼毛，背部施黄绿釉。

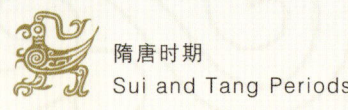
隋唐时期
Sui and Tang Periods

黄釉牛

唐朝（公元 618～907 年）
1981 年洛阳龙门安菩墓出土
高 13.5 厘米
Yellow glazed pottery ox
Tang Dynasty (618～907AD)
Excavated from the tomb of Anpu, Longmen, Luoyang, 1981
Height:13.5cm

　　站立状，抬头，双尖角，附尾。施黄釉。

白釉黄斑羊

唐朝（公元 618～907 年）
1972 年洛阳涧西区唐墓出土
高 13 厘米
White glazed pottery sheep with yellow spots
Tang Dynasty (618～907AD)
Excavated from Jianxi District, Luoyang, 1972
Height:13cm

　　站立状。抬头突目，双曲角，短脖，长身，施白釉，上带黄褐斑。

隋唐时期
Sui and Tang Periods

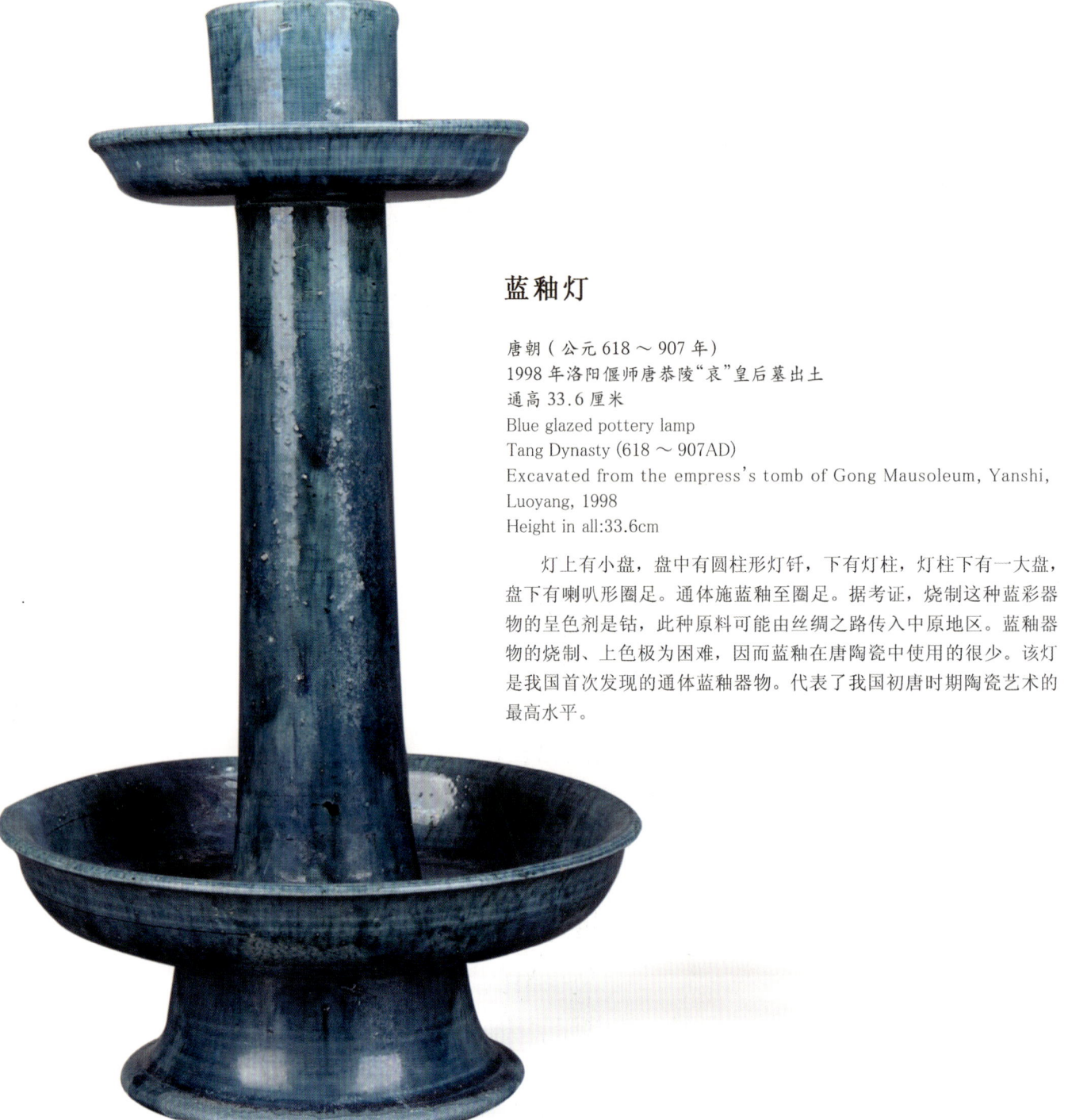

蓝釉灯

唐朝（公元 618～907 年）
1998 年洛阳偃师唐恭陵"哀"皇后墓出土
通高 33.6 厘米

Blue glazed pottery lamp
Tang Dynasty (618～907AD)
Excavated from the empress's tomb of Gong Mausoleum, Yanshi, Luoyang, 1998
Height in all:33.6cm

　　灯上有小盘，盘中有圆柱形灯钎，下有灯柱，灯柱下有一大盘，盘下有喇叭形圈足。通体施蓝釉至圈足。据考证，烧制这种蓝彩器物的呈色剂是钴，此种原料可能由丝绸之路传入中原地区。蓝釉器物的烧制、上色极为困难，因而蓝釉在唐陶瓷中使用的很少。该灯是我国首次发现的通体蓝釉器物。代表了我国初唐时期陶瓷艺术的最高水平。

三彩灯

唐朝（公元618～907年）
1987年洛阳吉利区唐墓出土
高45.5厘米
Three-color glazed pottery lamp
Tang Dynasty (618～907AD)
Excavated from Jili District, Luoyang, 1987
Height:45.5cm

　　由座、柄、盏三部分组成。盏由荷花式盏碗及托盘组成，下有短榫与柄插合；柄为圆竹节体状，中部饰仰、覆两朵荷花，两侧饰多周连续小圆圈纹，并以凹弦纹相夹；座以贴饰为主，中部贴饰一周双贝纹，腹间隔贴饰兽面纹及力士各三个。通体施绿、棕、白三色釉。釉色鲜艳，是唐三彩中的一件艺术瑰宝。

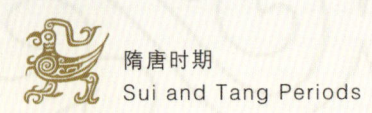
隋唐时期
Sui and Tang Periods

蓝釉双龙尊

唐朝（公元 618～907 年）
1998 年洛阳偃师唐恭陵"哀"皇后墓出土
通高 32 厘米
Blue glazed pottery pot with double-dragon-shaped handles
Tang Dynasty (618～907AD)
Excavated from the empress's tomb of Gong Mausoleum, Yanshi, Luoyang, 1998
Height in all:32cm

　　盘口，长颈，圆肩，鼓腹，平底。肩至尊口饰以两两相对的龙形柄，龙衔尊口。通体施多层蓝釉。

蓝釉细颈瓶

唐朝（公元 618～907 年）
1998 年洛阳偃师唐恭陵"哀"皇后墓出土
通高 25 厘米
Blue glazed pottery bottle
Tang Dynasty (618～907AD)
Excavated from the empress's tomb of Gong Mausoleum, Yanshi, Luoyang, 1998
Height in all:25cm

喇叭口，细长颈，圆肩，长柱形腹，腹中部略鼓，圈足，瓶口有三个圆形小支钉痕。通体施蓝釉至足底。

隋唐时期
Sui and Tang Periods

黄绿釉碗

唐朝（公元 618～907 年）
1966 洛阳唐墓出土
高 4.7 厘米
Yellow-green glazed pottery bowl
Tang Dynasty (618～907AD)
Excavated from Luoyang, 1966
Height:4.7cm

  敞口，圆唇，直腹，假圈足，内施绿釉，外施黄釉，底无釉。该器造型敦厚，内外施两种单色釉，为唐代三彩器物中少见。

黄绿釉贴花执壶

唐朝(公元618～907年)
洛阳瀍河区唐墓出土
高 14.2 厘米
Yellow-green glazed pottery appliqued ewer
Tang Dynasty (618～907AD)
Excavated from Chanhe District, Luoyang
Height:14.2cm

　　侈口,束颈,有把、流,鼓腹,上饰贴花,假圈足,施半釉,黄色条状绿釉下流。采用贴花工艺,造型古朴,在以往考古发现中较少见,为唐代釉陶器佳作。

隋唐时期
Sui and Tang Periods

绿釉弦纹执壶

唐朝（公元 618～907 年）
1975 年洛阳瀍河区出土
高 16.3 厘米
Green glazed pottery ewer
Tang Dynasty (618～907AD)
Excavated from Chanhe District, Luoyang, 1975
Height:16.3cm

　　口微敛，长束颈，垂腹，圈足，有六角形流。壶把、颈、肩有凸棱。除底外施绿釉。

绿釉白斑杯

唐朝（公元 618～907 年）
1966 年洛阳出土
高 6 厘米
Green glazed pottery cup with white spots
Tang Dynasty (618～907AD)
Excavated from Luoyang, 1966
Height:6cm

　　敞口，微折沿，直壁深腹，圈足，内壁施黄釉，口沿及器表施绿地白点两色釉。

隋唐时期
Sui and Tang Periods

蓝釉罐

唐朝（公元 618～907 年）
1988 年洛阳关林唐墓出土
高 14 厘米
Blue glazed pottery jar
Tang Dynasty (618～907AD)
Excavated from Guanlin, luoyang, 1988
Height:14cm

卷沿，束颈，鼓腹，平底。施蓝釉。

绿釉水注

唐朝（公元 618～907 年）
1965 年洛阳瀍河区唐墓出土
高 14 厘米
Green glazed pottery water dropper
Tang Dynasty (618～907AD)
Excavated from Luoyang, 1965
Height:14cm

侈口，圆唇，短颈，圆肩，斜收腹，假圈足。肩颈之间有弧形柄，与柄相对的肩部有圆形短流。通体施绿釉，釉似不规则的云状纹，圈足无釉。

隋唐时期
Sui and Tang Periods

三彩兽首壶

唐朝（公元618～907年）
1977年洛阳邙山采集
高27.5厘米
Three-color glazed pottery pot with beast-head
Tang Dynasty (618～907AD)
Collected from Mangshan, Luoyang, 1977
Height:27.5cm

　　小口，长颈，斜肩，鼓腹，平底假圈足，上颈塑兽头，一侧安莲花状圆柱环柄。施翠绿色釉，兼施褐、白两色。仿波斯国铜壶器型制作而成，为唐朝中外文化交流的实证。

三彩凤首壶

唐朝（公元 618～907 年）
洛阳出土
高 29.4 厘米
Three-color glazed pottery pot with phoenix head
Tang Dynasty (618～907AD)
Excavated from Luoyang
Height:29.4cm

  小口、长颈、圆腹、假圈足。颈部有凤首连柄。腹两侧有对称的凤立于树上。

隋唐时期
Sui and Tang Periods

三彩绿条纹罐

唐朝（公元 618～907 年）
1953 年洛阳出土
高 24.5 厘米
Three-color glazed pottery jar with green strips
Tang Dynasty (618～907AD)
Excavated from Luoyang, 1953
Height:24.5cm

敞口，短颈，圆肩，鼓腹，假圈足，拱形钮盖。施绿色条纹釉。

三彩菱形纹罐

唐朝（公元 618～907 年）
1965 年洛阳关林出土
高 29.5 厘米
Three-color glazed pottery jar with rhombus forms
Tang Dynasty (618～907AD)
Excavated from Guanlin, Luoyang, 1965
Height:29.5cm

　　小口，平沿，短颈，圆肩，深腹，小平底，假圈足，口部有拱形圆钮盖。肩、腹均施黄、绿、白、蓝、褐釉组成的菱形纹，腹下部无釉。

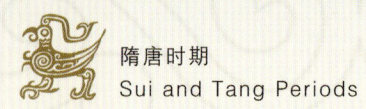
隋唐时期
Sui and Tang Periods

三彩贴花带盖罐

唐朝（公元 618～907 年）
1964 年洛阳采集
高 30 厘米
Three-color glazed pottery floral-design jar with cover
Tang Dynasty (618～907AD)
Collected from Luoyang, 1964
Height:30cm

　　直口，平沿，短颈，圆肩，鼓腹，平底，拱形钮盖。肩周和腹部各贴三朵翻花。通体施白釉，器盖和贴花部分施黄、绿、白釉。

三彩贴宝相花带盖鍑

唐朝（公元618～907年）
洛阳出土
高 21 厘米
Three-color glazed pottery floral-design Fu with cover
Tang Dynasty (618～907AD)
Excavated from Luoyang
Height:21cm

敞口，短颈，圆肩，圆腹，圜底，口部有子母口拱顶，圆钮盖，腹下有三个兽蹄足。周身施黄釉，盖为白、黄、绿三色相间，肩腹分别饰大小不同的六朵绿色宝相花。

隋唐时期
Sui and Tang Periods

三彩珍珠纹贴花带盖鍑

唐朝（公元 618～907 年）
1963 年洛阳采集
高 20 厘米
Three-color glazed pottery pearl-design Fu with cover
Tang Dynasty (618～907AD)
Collected from Luoyang, 1963
Height:20cm

敞口，宽沿，平唇，短颈，圆肩，鼓腹，圜底，三兽足，拱形盖，盖上一钮。肩、腹部均有三个绿釉贴花。通体饰白、绿、黄三色釉相间的珍珠纹。口颈施黄釉。

三彩莲花口盏

唐朝（公元 618～907 年）
1982 年洛阳伊川鸦岭乡出土
高 7 厘米
Three-color glazed pottery cup with nipple-shaped design
Tang Dynasty (618～907AD)
Excavated from Yichuan County, Luoyang, 1982
Height:7cm

　　莲花形敞口，弧腹下收，平底，圈足。内壁饰以白、蓝、红相间条带纹，外壁饰乳钉纹，施红釉。

隋唐时期
Sui and Tang Periods

三彩龙首杯

唐朝（公元618～907年）
洛阳出土
口径19厘米　底径13厘米
Three-color glazed pottery cup with dragon head
Tang Dynasty (618～907AD)
Excavated from Luoyang
Mouth:19cm Base Diameter:13cm

　　龙首状，龙口吐水柱上卷至额部形成鋬，施黄、绿、白三色釉。

三彩鸭衔荷叶杯

唐朝（公元618～907年）
洛阳出土
高8厘米
Three-color glazed pottery lotus-leaf-shaped cup with duck-shaped handle
Tang Dynasty (618～907AD)
Excavated from Luoyang
Height:8cm

　　卧鸭状，头颈后曲至尾，口衔一荷叶而成杯口。通体施黄、绿、白三色釉。

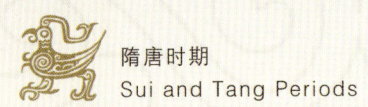

隋唐时期
Sui and Tang Periods

三彩人形注七星盘

唐朝（公元618～907年）
1974年洛阳孟津出土
高4.2厘米
Three-color glazed pottery plate with seven cups
Tang Dynasty (618～907AD)
Excavated from Mengjin County, Luoyang, 1974
Height:4.2cm

  由盘、豆、杯、盅、小俑人形水注组成，施黄、绿、白、红色釉。

三彩人执荷叶注

唐朝（公元618～907年）
1958年洛阳出土
高13.3厘米
Three-color glazed pottery water dropper with figurine-shaped
Tang Dynasty (618～907AD)
Excavated from Luoyang, 1958
Height:13.3cm

　　人形。坐于束腰墩上，一腿屈膝，脚蹬座上，另一脚蹬在墩底。双手擎托荷叶形注口，注腹与人腹通为一体。通体施红、白、绿、黑色釉。

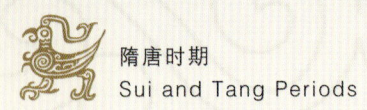

隋唐时期
Sui and Tang Periods

三彩飞雁莲花三足盘

唐朝（公元 618～907 年）
洛阳出土
高 6.5 厘米
Three-color glazed pottery three-legged plate with the design of flying wild goose and lotuses
Tang Dynasty (618～907AD)
Excavated from Luoyang
Height:6.5cm

　　圆形，敞口，圆唇，浅腹，平底，三兽足，盘心饰飞雁莲花纹。通体饰白釉，花纹施绿、蓝、黄釉。

三彩飞雁荷花三足盘

唐朝（公元 618～907 年）
1975 年洛阳唐墓出土
高 6.2 厘米

Three-color glazed pottery three-legged plate with the design of flying wild goose and lotuses
Tang Dynasty (618～907AD)
Excavated from Luoyang, 1975
Height:6.2cm

敞口，宽沿，圆唇，平底，三马蹄足。口沿施绿釉，内底分三层：内层绿地，饰飞雁和三朵彩云，表示天际；中层白地饰荷叶八枝并饰蓝色浪花，以示水域；外层黄地施白色斑点，以示陆地。

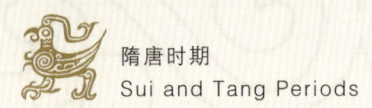

隋唐时期
Sui and Tang Periods

搅釉三足盘

唐朝（公元 618～907 年）
洛阳瀍河区机瓦厂唐墓出土
高 24 厘米
Mix glazed pottery three-legged plate
Tang Dynasty (618～907AD)
Excavated from Chanhe District, Luoyang
Height:24cm

  圆形，宽沿，浅盘，下三小足。面及背沿部以褐色搅成纹路，再涂黄透明釉。该盘以搅釉技术形成图案，为唐代陶瓷器中少见的名贵品种。

三彩高颈瓶

唐朝（公元 618～907 年）
1953 年洛阳出土
高 21.4 厘米
Three-color glazed flask
Tang Dynasty (618～907AD)
Excavated from Luoyang, 1953
Height:21.4cm

侈口，平沿，细长颈，颈中部略束，颈底部凸起一周，圆肩鼓腹，喇叭形圈足。通体施褐、绿釉，白斑点缀。此瓶三彩之中少见。

隋唐时期
Sui and Tang Periods

三彩豆

唐朝（公元 618～907 年）
1965 年洛阳出土
高 11.3 厘米
Three-color glazed pottery Dou
Tang Dynasty (618～907AD)
Excavated from Luoyang, 1965
Height:11.3cm

　　盘为盆形，敞口，平折沿，深腹、平底。腹部饰弦纹，柄作覆碗形。通体施绿釉，间饰黄白小花斑，形成色彩浓艳的花点斑纹。此种造型、釉色的三彩豆较为少见。

三彩瓮

唐朝（公元 618～907 年）
洛阳涧西区纱厂北路出土
高 64.4 厘米
Three-color glazed pottery urn
Tang Dynasty (618～907AD)
Excavated from Jianxi District, Luoyang
Height:64.4cm

　　直口，平沿，短颈，溜肩，下收腹，平底。口沿及上腹部施三彩釉。器型庞大，唐三彩中少见。

隋唐时期
Sui and Tang Periods

三彩鸳鸯枕

唐朝（公元 618～907 年）
1971 年洛阳采集
长 12 厘米
Three-color glazed pottery pillow with mandarin ducks design
Tang Dynasty (618～907AD)
Collected from Luoyang, 1971
Length:12cm

　　长方形，枕面下凹，饰鸳鸯踩莲图，并杂以水草花纹图案。以绿色为地，其余各面饰黄地白斑纹。图案优美，具有浓厚的生活气息。

三彩鸡

唐朝（公元 618～907 年）
1981 年洛阳龙门安菩墓出土
高 15 厘米
Three-color glazed pottery cock
Tang Dynasty (618～907AD)
Excavated from the tomb of Anpu, Longmen, Luoyang, 1981
Height:15cm

　　站立状，抬头，翘尾。施黄、绿、白釉。

隋唐时期
Sui and Tang Periods

三彩粉盒

唐朝（公元 618～907 年）
洛阳出土
直径 10 厘米　通高 3.6 厘米
Three-color glazed pottery powder box
Tang Dynasty (618～907AD)
Excavated from Luoyang
Diameter:10cm　Height in all:3.6cm

　　圆形。盖与器皿子母口扣合，盖上施绿釉间空白圆圈，侧施赭红釉。

绞胎枕

唐朝（公元 618～907 年）
1961 年洛阳 43 工区出土
高 7.5 厘米
Wind-embryo glazed pottery pillow
Tang Dynasty (618～907AD)
Excavated from Luoyang, 1961
Height:7.5cm

  长方形，上部两边略高，中间稍低，周边斜面形，除底部无釉外，前后、左右、上部均施釉，呈黄地黑云纹状。枕采用绞胎技法制成，属唐朝名贵陶瓷器。

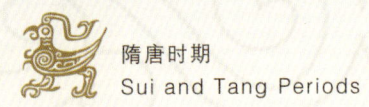

隋唐时期
Sui and Tang Periods

三彩人足炉

唐朝（公元 618～907 年）
1964 年洛阳出土
高 8.6 厘米

Three-color glazed pottery stove with human-shaped legs
Tang Dynasty (618～907AD)
Excavated from Luoyang, 1964
Height:8.6cm

　　敞口，平沿，斜收腹，平底盘。炉由五个站立于环形底板上的"小鬼"组成，"小鬼"肩驮炉盆。炉腹饰弦纹。通体施红、黄、白、蓝等多色釉，为唐三彩中少见的器皿。

三彩驯兽纹扁壶

唐朝（公元618～907年）
洛阳出土
高19.7厘米
Three-color glazed pottery flat pot with animal trainer design
Tang Dynasty (618～907AD)
Excavated from Luoyang
Height:19.7cm

　　直口，短颈，圆肩并饰两系，扁腹，环形底。以珍珠地卷草纹作衬，并施以黄、绿、白色釉，刻画驯兽场景。

隋唐时期
Sui and Tang Periods

白瓷薰炉

唐朝（公元 618～907 年）
1975 年洛阳偃师出土
高 27 厘米

White porcelain incense burner
Tang Dynasty (618～907AD)
Excavated from Yanshi, Luoyang, 1975
Height:27cm

　　博山炉盖，碗形炉，子母口，炉外雕饰仰莲一周，炉下为支柱。饰八道仰瓦棱纹。柱下一盘，口微敞。覆盘形底。通体施青白釉。

白瓷双龙尊

唐朝（公元 618 ～ 907 年）
1987 年洛阳出土
高 44.5 厘米
White porcelain Zun with double-dragon-shaped handles
Tang Dynasty (618 ～ 907AD)
Excavated from luoyang, 1987
Height:44.5cm

　　杯口，长颈上有凸棱，丰肩，上鼓腹，平底，肩有双龙上伸弯曲，龙口衔尊口沿，龙头上各饰一鸟。腹上部施白釉。

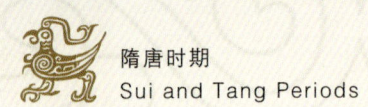

隋唐时期
Sui and Tang Periods

黑褐釉月白斑龙首执壶

唐朝（公元 618 ～ 907 年）
1964 年洛阳瀍河区出土
高 27 厘米
Black-brown glazed porcelain ewer with a dragon shaped spout
Tang Dynasty (618 ～ 907AD)
Excavated from Chanhe District, Luoyang, 1964
Height:27cm

  侈口，圆唇，束颈，圆肩，斜收腹，浅圈足。肩有一龙嘴短流，龙首形柄紧衔口沿。颈两侧平口沿处相对称各有一小罐，并各带一绳饰。除底部外，全身皆施黑褐釉，并加饰不规则的大块灰白色斑纹。是唐朝花釉瓷器。

唐朝时期 · 文物精粹

412 ⋯ 413

隋唐时期
Sui and Tang Periods

窑变花釉瓷罐

唐朝（公元618～907年）
1983年洛阳采集
高24.5厘米
Porcelain jar
Tang Dynasty (618～907AD)
Collected from Luoyang, 1983
Height:24.5cm

侈口，卷沿，短束颈，上鼓腹，平底。施灰蓝釉，有窑变花纹。

绞胎碗

唐朝（公元618～907年）
洛阳出土
高4.5厘米
Wind-embryo bowl
Tang Dynasty (618～907AD)
Excavated from Luoyang
Height:4.5cm

敞口，折沿，直壁折腹，圈足。胎体用赭石与米黄两种瓷泥绞成木纹图案，表面磨光，施以透明玻璃釉。

隋唐时期
Sui and Tang Periods

白瓷净瓶

唐朝（公元 618～907 年）
1981 年洛阳龙门安菩墓出土
高 25 厘米
White glazed porcelain holy-water vase
Tang Dynasty (618～907AD)
Excavated from the tomb of Anpu, Longmen, Luoyang, 1981
Height:25cm

　　塔式盖，长颈，长弧腹，肩有短流，饼状足。施白釉。

白瓷唾盂

唐朝（公元 618～907 年）
洛阳公路管理所唐墓出土
高 18.5 厘米
White glazed porcelain Yu
Tang Dynasty (618～907AD)
Excavated from Luoyang
Height:18.5cm

喇叭形口。束颈，鼓腹，平底。通体施白釉，底无釉。

隋唐时期
Sui and Tang Periods

黑褐釉双龙瓷尊

唐朝（公元618～907年）
洛阳出土
高40.5厘米
Dark-brown glazed porcelain Zun with double-dragon design
Tang Dynasty (618～907AD)
Excavated from Luoyang
Height:40.5cm

  盘口，细长颈，鼓腹，平底。柄为二龙，龙口衔尊口沿。通身施褐釉，底无釉。

白瓷盘口盂

唐朝（公元 618～907 年）
1981 年洛阳龙门安菩墓出土
高 12 厘米
White glazed porcelain Yu with dish-like mouth,
Tang Dynasty (618～907AD)
Excavated from the tomb of Anpu, Longmen, Luoyang, 1981
Height:12cm

盘口，束颈，扁鼓腹，假圈足。施白釉。

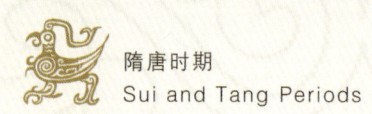

隋唐时期
Sui and Tang Periods

鹿纹瓷壶

唐朝（公元 618～907 年）
1964 年洛阳机瓦厂唐墓出土
高 18.7 厘米
Porcelain pot with deer pattern
Tang Dynasty (618～907AD)
Excavated from Luoyang, 1964
Height:18.7cm

　　侈口，高颈，瓜棱腹，平底，肩有八棱流。颈腹部安一曲柄。通体施淡青釉，腹部以红、绿彩绘一奔跃的小鹿。

长柄焚香铜炉

唐朝(公元 618～907 年)
洛阳龙门唐神会墓出土
高 9 厘米
Bronze incense burner with long handle
Tang Dynasty (618～907AD)
Excavated from the tomb of Shenhui, Longmen, Luoyang
Height:9cm

  一端有鎏金兽,蹲踞于莲座上,长柄呈凹槽状,前接一喇叭形炉,有盖,盖中有一孔。出于唐朝禅宗七祖神会墓,是唐朝佛教用品。

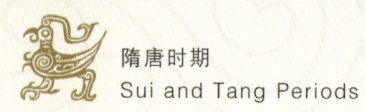
隋唐时期
Sui and Tang Periods

塔顶铜盒

唐朝（公元 618～907 年）
洛阳龙门唐神会墓出土
高 15.3 厘米
Bronze box in shape of pagoda top
Tang Dynasty (618～907AD)
Excavated from the tomb of Shenhui, Longmen, Luoyang
Height:15.3cm

　　盖顶呈塔状，饰七层相轮，下为碗形，底为高柄圈足状，上下扣合呈球形腹。出于禅宗七祖神会墓，是研究佛教用具的重要实物资料。

铜净瓶

唐朝（公元618～907年）
洛阳龙门唐神会墓出土
通高33.2厘米
Bronze holy-water vase
Tang Dynasty (618～907AD)
Excavated from the tomb of Shenhui, Longmen, Luoyang
Height in all:33.2cm

　　高柱顶盖。长束颈，肩部有流，流上有盖，圆鼓腹，下腹收敛，平底。出于唐神宗七祖神会墓中，是研究唐朝禅宗的重要实物资料。

隋唐时期
Sui and Tang Periods

瑞兽葡萄铜镜

唐朝（公元618～907年）
1984年洛阳宜阳出土
直径24.6厘米
Bronze mirror with sea beasts and grapes pattern
Tang Dynasty (618～907AD)
Excavated from Yiyang County, Luoyang, 1984
Diameter:24.6cm

　　圆形，兽钮。背浮雕海兽葡萄。海兽葡萄镜以圆镜为多，也有少量方镜，镜面一般分为内外两区。是唐朝铜镜中的珍品。

隋唐时期
Sui and Tang Periods

东王公西王母铭带画像铜镜

唐朝（公元 618～907 年）
洛阳出土
直径 34 厘米
Bronze mirror with pattern of Dongwanggong and Xiwangmu
Tang Dynasty (618～907AD)
Excavated from Luoyang
Diameter:34cm

  圆形，半球形纽，双线角框栏纽座，座内分铸八字及涡纹、木泡纹。座外以双线分为八等份，分别饰四灵、二神兽和神人二个。二神人为东王公和西王母，皆盘坐，有背光。座下各饰"宜君大吉"方枚一个。向外依次为锯齿纹、48 字楷书铭文"淮南起照，仁寿传名，琢玉斯表，熔金勒成，时雍炎晋，节茂朱明，爰模鉴彻，用拟流清，光无亏满，叶不枯荣，图形览质，千载为贞"、十二生肖和四神、水藻、鸾凤等纹饰各一周，宽平素镜边。

鎏金花卉铜尺

唐朝（公元 618～907 年）
洛阳第一拖拉机厂出土
残长 24 厘米
Gilt bronze ruler with chrysanthemum pattern
Tang Dynasty (618～907AD)
Excavated from Luoyang
Rudimental Length:24cm

长条形，四周边缘用双线分格。一端残断，现存七个半等份。正面饰折枝牡丹，背面饰菊花，均以珍珠纹铺地。

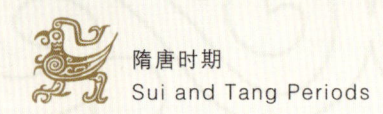

隋唐时期
Sui and Tang Periods

四瑞菱花铜镜

唐朝（公元 618～907 年）
1965 年洛阳伊川出土
直径 26.2 厘米
Bronze mirror with four auspicious animals and rhombus-flower-shaped designs
Tang Dynasty (618～907AD)
Excavated from Yichuan County, Luoyang, 1965
Diameter:26.2cm

菱花形，背浮雕四瑞兽，边缘饰折枝花、蝴蝶、飞禽等。

鎏金卧牛器盖

唐朝（公元618～907年）
洛阳偃师出土
高4.5厘米
Gilt bronze lid
Tang Dynasty (618～907AD)
Excavated from Yanshi, Luoyang
Height:4.5cm

　　椭圆形，边缘饰绳纹，中央一卧牛，牛头仰起转向右后上方，尾上翘。通体鎏金，背面靠边处有交链两个。

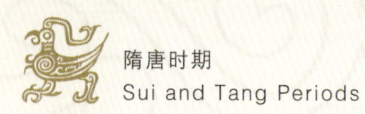
隋唐时期
Sui and Tang Periods

葵形云龙纹铜镜

唐朝（公元 618 ~ 907 年）
1965 年洛阳瀍河区北窑出土
直径 20.5 厘米
Bronze mirror with cloud, dragon and sunflower-shaped design
Tang Dynasty (618 ~ 907AD)
Excavated from Chanhe District, Luoyang, 1965
Diameter:20.5cm

　　葵花形，半球状纽，纽外有龙，口衔宝珠，身有鳞，葵瓣处饰花叶和流云纹。

葵花口铜碗

唐朝（公元 618～907 年）
2000 年洛阳洛龙区唐墓出土
高 3.5 厘米　口径 11.3 厘米
Bronze bowl with sunflower-shaped mouth
Tang Dynasty (618～907AD)
Excavated from a tomb of the Tang Dynasty, Luolong District, Luoyang, 2000
Height:3.5cm　Mouth:11.3cm

　　六瓣葵花形，敞口，弧腹，圈足。腹内外錾刻鱼子纹为地的六株枝花，碗内中心饰一瑞兽，圈足内刻一折枝花。

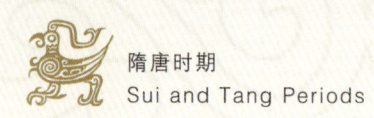

隋唐时期
Sui and Tang Periods

月宫海龙双鸟纹铜镜

唐朝（公元 618～907 年）
1955 年洛阳涧西区矿山厂唐墓出土
直径 17.3 厘米
Bronze mirror with double-bird, cloud and dragon design
Tang Dynasty (618～907AD)
Excavated from Jianxi District, Luoyang, 1955
Diameter:17.3cm

　　葵花形，圆钮，背饰祥云、月宫纹，宫中有桂树、玉兔，下部有巨龙出海，左右对称各有一鸟衔绶带，高平八连弧缘。

玻璃瓶

唐朝（公元 618～907 年）
1970 年洛阳关林唐墓出土
高 10.8 厘米
Glass vase
Tang Dynasty (618～907AD)
Excavated from Guanlin, Luoyang, 1970
Height:10.8cm

　　小口，圆唇，束颈，鼓腹，底内凹。玻璃表面有一层锈蚀薄膜，显现出与玻璃相一致的平行波纹。

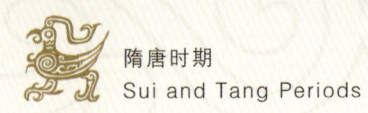
隋唐时期
Sui and Tang Periods

银壳鎏金菱花铜镜

唐朝（公元618～907年）
洛阳出土
直径6.2厘米
Gilt bronze mirror with silver mask and
rhombus-flower-shaped design
Tang Dynasty (618～907AD)
Excavated from Luoyang
Diameter:6.2cm

　　菱花形。兽纽。浮雕兽纹。银壳鎏金。

银壳鎏金菱花铜镜

唐朝(公元618～907年)
2000年洛阳洛龙区唐墓出土
直径6厘米
Bronze mirror with silver mask
Tang Dynasty (618～907AD)
Excavated from a tomb of the Tang Dynasty, Luolong District, Luoyang, 2000
Diameter:6cm

  六角菱花形,蟾蜍状纽,宽平缘,缘内镶嵌花形银箔,银箔上錾刻花纹,纹饰鎏金。菱花以鱼子纹为地,饰二鸟二兽。其中一鸟口衔枝,另一鸟静立,二兽奔跑于缠枝花丛中。

隋唐时期
Sui and Tang Periods

东罗马金币

唐朝（公元 618～907 年）
1981 年洛阳龙门唐安菩墓出土
直径 2.2 厘米
Gold coin of the empire of East Rome
Tang Dynasty (618～907AD)
Excavated from the tomb of Anpu, Longmen, Luoyang, 1981
Diameter:2.2cm

　　圆形，正面为一戴王冠、留长须的半身男像，两侧有十字架，左边缘处有铭文"FOCAS"；背面是长翅膀的胜利女神，右手持长柄钩状器，左手持上立十字架的球体，右边缘处有铭文"VICTORIA"。东罗马帝国金币为皇帝福克斯铸币，铸造年代为公元 602～610 年，是洛阳出土的第一枚外国金币。

波斯银币

唐朝(公元618～907年)
1955年洛阳老城北邙唐墓出土
直径2.7厘米
Silver coin of Persian Empire
Tang Dynasty (618～907AD)
Excavated from Luoyang, 1955
Diameter:2.7cm

　　不规则圆形,正面饰脸向左的王者半身像,背面中央有一祭台,两侧有祭司两个,台盘上端有珠形物十枚,左侧有五角星,右侧有一弯曲的明月,两祭司的后部和正面王者像的前后都有外国文字。波斯银币据考证系波斯萨珊王朝铸造。与罗马金币同为洛阳丝绸之路的遗物。

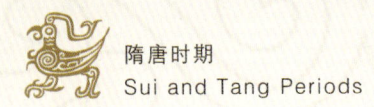

隋唐时期
Sui and Tang Periods

金银平脱花鸟铜镜

唐朝（公元 618～907 年）
1970 年洛阳关林钢厂唐墓出土
直径 30.5 厘米
Bronze mirror with gold and silver sheet cut-outs and flower, bird design
Tang Dynasty (618～907AD)
Excavated from a tomb of the Tang Dynasty at Guanlin, Luoyang, 1970
Diameter:30.5cm

  葵花形，背用金银片锤脱而成，外区为四只展翅环飞的衔绶鸾凤，间饰花鸟飞蝶，内区围绕分界线排列侧影宝相花八朵。金银片纹脱露。是唐朝特殊工艺镜。

银"开元通宝"钱

唐朝（公元618～907年）
1987年洛阳劳教所唐墓出土
直径2.1厘米
Silver coin inscribed "kai yuan tong bao"
Tang Dynasty (618～907AD)
Excavated from Luoyang, 1987
Diameter:2.1cm

　　圆形，方孔，有内、外廓，外廓较宽，上铸"开元通宝"4字，"元"字左挑，隶书对读。

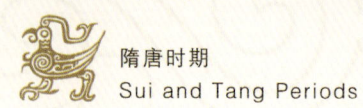

隋唐时期
Sui and Tang Periods

花叶纹金镯

唐朝（公元 618～907 年）
1985 年洛阳出土
宽 1.6 厘米
Gold bracelet with flower and leaf design
Tang Dynasty (618～907AD)
Excavated from Luoyang, 1985
Width:1.6cm

　　两端较窄，翻卷成环，缠有金丝，中部较宽，起棱，纹饰由背面冲压而凸起，鱼子纹地，长枝花叶纹。

金带饰

唐朝（公元 618～907 年）
1984 年洛阳宜阳出土
长 1.8～4 厘米
Gold strap ornaments
Tang Dynasty (618～907AD)
Excavated from Yiyang County, Luoyang, 1984
Length:1.8～4cm

　　整套 22 件，由銙、带钩、环等饰件组成。除扣外，均镌刻花瓣、卷云和鱼纹。是唐朝服饰用具。

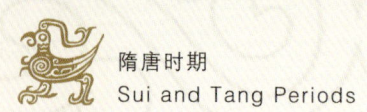

隋唐时期
Sui and Tang Periods

花口金盏

唐朝（公元 618～907 年）
1987 年洛阳偃师出土
高 2.8 厘米
Gold cup
Tang Dynasty (618～907AD)
Excavated from Yanshi, Luoyang, 1987
Height:2.8cm

　　卷沿，花瓣口，深腹，圈足，内底饰一朵五瓣梅花，花外饰五片梅叶，为放射状，叶脉清晰。

漆衣黑陶钵

唐朝（公元 618～907 年）
1983 年洛阳龙门唐神会和尚墓出土
高 11 厘米
Pottery Bo with black lacquer
Tang Dynasty (618～907AD)
Excavated from the tomb of Shenhui, Longmen, Luoyang, 1983
Height:11cm

　　敛口，弧腹，小圆底，质细，壁薄。通体施黑漆并磨光亮。出自唐朝禅宗七祖神会之墓，为唐朝佛教用品。

隋唐时期
Sui and Tang Periods

绶带纹银碗

唐朝（公元 618～907 年）
1991 年洛阳伊川唐墓出土
高 3.2 厘米
Silver bowl with ribbon pattern
Tang Dynasty (618～907AD)
Excavated from Yichuan County, Luoyang, 1991
Height:3.2cm

敞口，卷唇，浅腹，平底，圈足，底及壁錾刻绶带纹、网格纹。

花叶纹银杯

唐朝（公元 618 ～ 907 年）
洛阳伊川出土
高 4.3 厘米
Silver cup with flower and leaf design
Tang Dynasty (618 ～ 907AD)
Excavated from Yichuan County, Luoyang
Height:4.3cm

　　侈口，深腹，平底，低柄，圈足，腹部饰曲枝团叶、长蕊花纹，鱼子纹地。

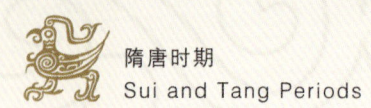

隋唐时期
Sui and Tang Periods

花瓣口草叶纹银杯

唐朝（公元 618～907 年）
洛阳出土
高 5.7 厘米
Silver cup with grass-leaf pattern and petal-shaped mouth
Tang Dynasty (618～907AD)
Excavated from Luoyang
Height:5.7cm

  花瓣形口及腹，腹壁中部饰凸棱一周，矮柄，圈足，通体饰草叶纹，鱼子纹地。

长柄带盖银铛

唐朝（公元618～907年）
1991年洛阳伊川鸦岭乡唐墓出土
通高6.4厘米
Silver Cheng with a lid and a long handle
Tang Dynasty (618～907AD)
Excavated from the tomb at Yaling Township, Yichuan County, Luoyang, 1991
Height in all:6.4cm

  敞口，弧腹，圜底，长柄，短流，带盖。长柄铆于器口外壁，柄端为如意首。盖微隆，铆有宝珠形捉手，捉手下衬八瓣花形银片。合页用铆钉固定，将盖连接在长柄根部。长柄底面錾刻有"四两二兮（钱）宅"5字铭文。是唐朝茶道用具。

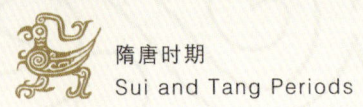

隋唐时期
Sui and Tang Periods

银鎏金錾花鱼水纹海棠式盏托

唐朝（公元618～907年）
1991年洛阳伊川鸦岭乡唐墓出土
通高3.7厘米

Gilt silver Zhan and Tuo with double-fish and wild goose design
Tang Dynasty (618～907AD)
Excavated from the tomb at Yaling Township, Yichuan County, Luoyang, 1991
Height in all:3.7cm

　　银质鎏金。托为荷叶口，浅腹，平底。口沿及腹部錾刻双鱼、双雁纹。盏为海棠花口，底錾刻双鱼、水波纹。盏、托是配套使用的茶具，由盏和托组合而成，盏依托，托承盏，盏、托一体。盏呈海棠花形，托呈椭圆荷叶形，水波、鱼子纹地上有双鱼环绕，制作精细、华丽，纹饰生动、逼真，布局合理，给人以秀丽、和谐的美感，堪称唐朝金银器中的精品。

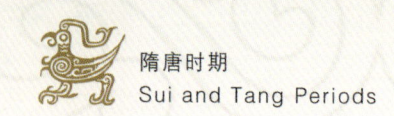

隋唐时期
Sui and Tang Periods

鹤首银支架

唐朝（公元 618～907 年）
1991 年洛阳伊川鸦岭乡唐墓出土
通高 12.8 厘米
Silver bracket with design of crane head
Tang Dynasty (618～907AD)
Excavated from the tomb at Yaling Township, Yichuan County, Luoyang, 1991
Height in all:12.8cm

　　圆角形架面镂空，饰缠枝花纹，四兽足，足、柄用铆钉固定。鹤首柄。

鎏金三足银盒

唐朝（公元618～907年）
2000年洛阳洛龙区唐墓出土
通高2.8厘米 直径5.2厘米
Gilt silver box with three feet
Tang Dynasty (618～907AD)
Excavated from a tomb of the Tang Dynasty, Luolong District, Luoyang, 2000
Height in all:2.8cm Diameter:5.2cm

  圆形，三足，有盖，盖上有圈足形捉手。盒面纹饰鎏金，为二重结构，盖捉手内饰八叶五瓣花朵，盖周錾刻凤鸟。盒内残留胭脂类遗物。

隋唐时期
Sui and Tang Periods

鎏金蚌形银盒

唐朝（公元 618～907 年）
2000 年洛阳洛龙区唐墓出土
通高 1.8 厘米　长 4.3 厘米
Gilt silver box with freshwater mussel-shaped
Tang Dynasty (618～907AD)
Excavated from the tomb of the Tang Dynasty, Luolong District, Luoyang, 2000
Height in all:1.8cm Length:4.3cm

　　仿蚌状椭圆形，分上下两部分，以子母口相连。盖上錾刻一兽，怒目獠牙，作腾跃捕食状，身錾小团花；下部一鹿作飞奔状，通体鎏金。鱼子纹为地。

玉茶钵

唐朝（公元 618～907 年）
1991 年洛阳伊川鸦岭唐墓出土
高 3.8 厘米
White jade Bo for grinding tea
Tang Dynasty (618～907AD)
Excavated from the tomb at Yaling Township, Yichuan County, Luoyang, 1991
Height:3.8cm

敞口，浅圆弧腹，圈足，平底。内饰网格纹。反映唐人饮茶风尚。

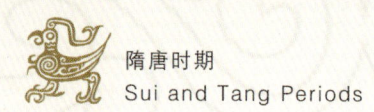

隋唐时期
Sui and Tang Periods

盘口白玉壶

唐朝（公元 618～907 年）
1956 年洛阳岳家村唐墓出土
高 17.2 厘米
White jade pot with dish-like mouth
Tang Dynasty (618～907AD)
Excavated from the tomb at Yuejia Village, Luoyang, 1956
Height:17.2cm

盘口，有盖。长颈。蒜头形腹，矮圈足。

葵边玉盘

唐朝（公元 618～907 年）
洛阳出土
高 3.5 厘米
White jade plate with sunflower pattern
Tang Dynasty (618～907AD)
Excavated from Luoyang
Height:3.5cm

　　白玉质。葵花边，侈口，宽沿，浅腹，平底，浅圈足。有红、黄色瑕斑。

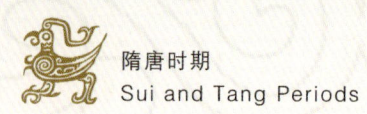

隋唐时期
Sui and Tang Periods

大秦景教石经幢

唐朝（公元618～907年）
2006年洛阳出土
残高59～81厘米
Stone sutra pillar
Tang Dynasty (618～907AD)
Excavated from Luoyang, 2006
Rudimental Height:59～81cm

　　幢体八面，上面刻有《大秦景教宣元至本经》、《经幢记》。前者是唐朝景教大师景净所造的伪经，是一部中国化的基督教神学本体论的论文。后者记载了立经幢的时间——唐宪宗元和九年（公元814年）、原委、经过、参加人员等。计809字。残石经文可与敦煌遗书《景教宣元本经》进行补订校勘。为研究景教在中国的传播、中西交通和文化交流情况，论证洛阳为丝绸之路起点等，提供了宝贵的历史资料。

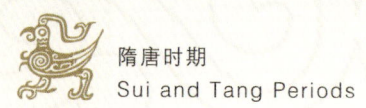

隋唐时期
Sui and Tang Periods

石蟾蜍

唐朝（公元 618～907 年）
1980 年洛阳西工区出土
高 49 厘米　长 74 厘米
Stone toad
Tang Dynasty (618～907AD)
Excavated from Xigong District, Luoyang, 1980
Height:49cm　Length:74cm

　　爬卧状。张口鼓腹，腹中有孔，两眼凸起，头上线刻双角。系洛阳上阳宫溪流上的泄水装置，是研究唐朝上阳宫的唯一实物资料。

青石黑斑盖罐

唐朝（公元 618 ～ 907 年）
1965 年洛阳出土
高 13.5 厘米
Celestine jar with black spots
Tang Dynasty (618 ～ 907AD)
Excavated from Luoyang, 1965
Height:13.5cm

　　侈口，圆唇，短颈，丰肩，斜收腹，平底，圆形纽盖。通体青灰色，夹杂黑色斑点。

隋唐时期
Sui and Tang Periods

石雕武士俑

唐朝（公元 618～907 年）
1973 年洛阳偃师出土
通高 58.8 厘米
Stone warrior
Tang Dynasty (618～907AD)
Excavated from Yanshi, Luoyang, 1973
Height in all:58.8cm

　　束发戴冠，身穿铠甲，右臂弯曲，举于胸前，左手叉腰，竖眉怒目站于台阶上，形如天王俑。

石雕武士俑

唐朝（公元 618～907 年）
1973 年洛阳偃师出土
通高 58.5 厘米
Stone warrior
Tang Dynasty (618～907AD)
Excavated from Yanshi, Luoyang, 1973
Height in all:58.5cm

　　束发戴冠，身穿铠甲，左手握物，举于胸侧，右手叉腰，弓步站于雕有浓云的石头上，怒目俯视，形似天王俑。

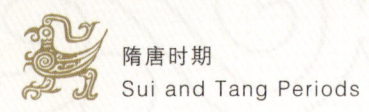

隋唐时期
Sui and Tang Periods

石雕彩绘胡俑

唐朝（公元 618～907 年）
洛阳出土
通高 48 厘米
Stone sculpture of Hu people
Tang Dynasty (618～907AD)
Excavated from Luoyang
Height in all:48cm

　　头戴毡帽，高额浓眉，深目，着大翻领长衣，足穿长靴，立于方座上，一臂曲于领口，一臂弯于腰部。唐朝石雕彩绘胡俑在豫西地区少见。

石雕牵马俑

唐朝（公元 618～907 年）
1973 年洛阳偃师出土
通高 44.1 厘米
Stone groom leading a horse
Tang Dynasty (618～907AD)
Excavated from Yanshi, Luoyang, 1973
Height in all:44.1cm

　　站立状，着圆领长袍，腰系包裹，双手作牵马状。粉彩。

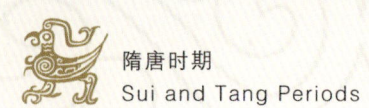

隋唐时期
Sui and Tang Periods

石雕龙

唐朝（公元 618～907 年）
洛阳隋唐城宫城遗址出土
长 90 厘米
Carved stone dragon
Tang Dynasty (618～907AD)
Excavated from the Imperial Palace of the Tang Dynasty, Luoyang
Length:90cm

龙凸目圆睁，鼻作象首上卷状，张嘴露齿，双獠牙斜出，吐舌，舌尖上卷夹一小鱼。器型宏大，雕刻工巧，是唐朝石雕艺术珍品。

兽面砖范

唐朝（公元 618～907 年）
洛阳出土
长 22 厘米
Brick mould with beast-mask pattern
Tang Dynasty (618～907AD)
Excavated from Luoyang
Length:22cm

方体。为一兽面外范。兽面为一突目、卷角、高鼻形象。是手工制陶业模具。

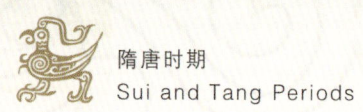

隋唐时期
Sui and Tang Periods

含嘉仓刻铭砖

唐朝（公元 618～907 年）
1971 年洛阳向阳轴承厂出土
长 33 厘米

Brick with carved character
Tang Dynasty (618～907AD)
Excavated from Luoyang, 1971
Length:33cm

　　方形。正面阴刻铭文 10 行 110 多字，记载仓窖的位置，储粮来源、品种、数量、时间及仓窖的管理人员。

浮雕兽面纹方砖

唐朝（公元 618 ～ 907 年）
1984 年洛阳西工区出土
长 34.7 厘米
Square brick with beast-mask pattern in relief
Tang Dynasty (618 ～ 907AD)
Excavated from Xigong District, Luoyang, 1984
Length:34.7cm

　　长方形。砖面浮雕，兽面似狮，头长双曲角，竖耳，二目圆睁，鼻上翻，大口张开，伸舌獠牙，络腮胡须，前爪露出。系唐朝都城建筑材料。

莲花纹方砖

唐朝（公元 618 ～ 907 年）
1978 年洛阳老城唐含元殿遗址出土
长 37 厘米
Square brick with lotus pattern
Tang Dynasty (618 ～ 907AD)
Excavated from Luoyang, 1978
Length:37cm

　　方形。砖正中饰盛开的莲花纹饰，外饰卷枝叶纹及排列乳钉。系唐朝宫殿建筑材料。

隋唐时期
Sui and Tang Periods

双凤纹方砖

唐朝（公元 618～907 年）
1978 年洛阳老城唐含元殿遗址出土
长 34 厘米

Square brick with double-phoenix pattern
Tang Dynasty (618～907AD)
Excavated from Luoyang, 1978
Length:34cm

　　方形。砖面浮雕，中央为两只展动双翅的凤凰，凤尾卷曲上翘，双爪立于变体花草之上，口中双双衔有枝条，枝条相交处托一宝珠，外饰变体长叶花草纹，四周凸棱夹乳钉纹。系洛阳唐朝宫城遗址建筑材料。

神龙元年造像碑

唐朝（公元 618 ～ 907 年）
洛阳偃师出土
高 43 厘米
Stele with sculpture
Tang Dynasty (618 ～ 907AD)
Excavated from Yanshi, Luoyang
Height:43cm

　　圆首，正面为龛，内雕一佛二菩萨，龛楣上刻七佛，均坐于莲花之上，下刻二供养人下跪，两旁有题记，背刻《般若波罗蜜多心经》一卷。有明确纪年——神龙元年（公元 705 年）。

In 907 the Tang Dynasty fell, and China entered into the period of Five Dynasties when wars happened and regimes changed frequently. The Later Liang, Later Tang and Later Jin regimes ruling the Central Plains successively made Luoyang the capital, while Later Han and Later Zhou made Luoyang the western capital. In 960 the Song Dynasty was founded, ending the split situation since the late Tang Dynasty. The country was unified again, and the feudal economy and culture reached another summit.

The Northern Song Dynasty had two capitals, Bianliang the eastern capital and Luoyang the western capital. At that time, various cultures and religions thrived, and large numbers of celebrities gathered in Luoyang, one of the two major national centers. For example, Cheng Yi and Cheng Hao established the Luo School, laying a solid foundation for Cheng-Zhu Neo-Confucianism; Sima Guang finished Zizhi Tongjian (Comprehensive Mirror to Aid in Government), which was the first Chinese universal historiography in chronological style and a classic in Chinese history...... Besides, with gardens flourished and peonies widely planted, Luoyang led the trend in city development, and inspired many scholars and poets.

五代北宋时期
Five Dynasties and Northern Song Periods

公元907年，唐朝灭亡，中国进入战乱频仍、朝代更迭频繁的五代时期。统治中原的后梁、后唐、后晋曾先后建都洛阳，后汉、后周则以洛阳为西京。公元960年，宋朝建立，基本上结束了唐末以来的分裂割据局面，中国南北再度统一，封建经济和文化达到一个新的高峰。

北宋实行两京制，以汴梁为东京，洛阳为西京。洛阳是当时全国两大中心城市之一，文教昌盛，名流云集。程颐、程颢在此创立"洛学"，奠定了程朱理学的基础；司马光在此著就中国第一部编年体通史《资治通鉴》，成为中国史学上的典范之作……北宋洛阳，名园林立，牡丹广植，文人墨客披弦吟诵："天下名园重洛阳"、"洛阳牡丹甲天下"。洛阳的城市发展引领一代之风骚。

五代时期

（公元 907~960 年）

五代时期

唐亡，中原地区先后更替出现后梁、后唐、后晋、后汉、后周五个王朝，史称五代时期。五代的后梁、后唐和后晋曾先后建都洛阳，后汉、后周则以洛阳为西京。五代时洛阳城经唐末兵火之后"城邑残破，户不满百"，宫室"不及故时卿相家"。后来虽经河南尹张全义竭力葺治，重修了五凤楼（唐应天门）、朝元殿和清暑楼等，但仍远不及隋唐盛况。

五代时期洛阳的雕版印刷在继承隋唐时期的基础上进一步发展，刻印技术渐趋成熟。长兴三年（公元 932 年）由宰相冯道等倡导、国子监田敏负责校订刻印的"九经""广颁天下"，在一定意义上促进了文化事业和雕版印刷技术的发展，之后印刷术传播到朝鲜、日本及欧洲，自此中国的这一重大发明在世界范围内得到传播和改进。

五代北宋时期
Five Dynasties and Northern Song Periods

定窑"新官"款白瓷碗

五代(公元 907～960 年)
1986 年洛阳墓葬出土
高 6.5 厘米
White porcelain bowl writed "xin guan" from Ding kiln
Five Dynasties (907～960AD)
Excavated from Luoyang, 1986
Height:6.5cm

　　五瓣口,芒口,腹较深,平底,圈足。施白釉,足底阴刻行书"新官"2字,属定窑系瓷器。

越窑银扣瓷碗

五代(公元907～960年)
1986年洛阳铁道部15工程局驻地墓葬出土
高6.5厘米
Porcelain bowl from Yue kiln
Five Dynasties (907～960AD)
Excavated from Luoyang, 1986
Height:6.5cm

  五瓣口外侈，口沿有银扣，圈足，施绿色釉。属五代后唐越窑系瓷器。

五代北宋时期
Five Dynasties and Northern Song Periods

雕版印刷佛经卷

五代（公元 907～960 年）
1985 年洛阳出土
高 29.5 厘米　长 38 厘米
Wood block printing sutra scroll
Five Dynasties (907～960AD)
Excavated from Luoyang, 1985
Height:29.5cm　Length:38cm

　　长方形，丝麻质。正中一菩萨坐于莲花上，头戴花冠，身披璎珞，有背光，左右八臂手中各持法器，经文为梵文，饰以飞天、佛像、天王等，经卷左侧有持经吉语，均雕而成，左下角有墨书"天成二年……"等字。天成二年即公元 927 年。经卷用丝麻印制，是我国现存较早的雕版印刷作品。

白瓷罐

五代（公元 907～960 年）
1975 年洛阳新安出土
高 13.5 厘米
White poecelain jar
Five Dynasties (907～960AD)
Excavated from Xin'an County, Luoyang, 1975
Height:13.5cm

　　子母口，圆盖，盖顶中有一圆纽，鼓腹折肩，腹作 18 折棱，圈足，通体施白釉。

北宋时期

（公元960～1127年）

北宋时期

北宋结束了五代时期的纷乱格局,达到了一个相对统一的稳定局面,国家经济恢复并取得很大的发展,城市社会生活也产生了巨大的改变,城市布局突破了以往的里坊封闭体系,步入了开放的生活结构。宋朝定洛阳为西京,对洛阳城进行了大规模重建。宫城和皇城为隋唐五代旧址。宫城周回九里三步,有五凤楼等6门。正殿曰太极殿,另有宫殿10余座。皇城周回十八里二百五十八步,有丽景门等7门。外郭城跨洛河两岸,周回五十二里九十六步。并设120坊。城市街头店铺林立,商业繁荣,手工业已普遍发展成为商品生产,并出现了大小货行。

宋代手工业最突出的成就是陶瓷,无论生产规模、制作技术,还是工艺水平都达到了鼎盛。宋代是"瓷的时代",宋代瓷窑遍布全国各地,定、汝、官、哥、钧五大名窑供应宫廷皇室高级瓷器,民间瓷窑也大量兴起。北宋西京洛阳城周边有汝窑、钧窑以及巩县窑等。在洛阳新安县北冶、石寺宋元瓷窑遗址中发掘出的橄榄形窑炉在国内陶瓷考古史上尚属首次,是这一时期制瓷水平的体现。同时,北宋在继承唐三彩风格的基础上,生产出宋三彩,并赋之以豪迈奔放的民间特色。

北宋西京是全国文化中心,名人荟萃,引领了宋文化的一代辉煌。宋太祖出生于洛阳夹马营,故北宋时西京皇亲国戚、达官贵人众多;朝中致仕重臣多居洛阳,时仅洛阳籍名相即有赵普、吕蒙正、张齐贤、温仲舒等。文彦博、富弼等13人组成"洛阳耆英会",饮酒赋诗;欧阳修等在洛修纂《新唐书》;邵雍在洛阳推理演易,形成"先天学";司马光历时15年,于洛阳完成了中国第一部编年体通史《资治通鉴》。

西京是"洛学"的发源地。程颐、程颢兄弟是北宋著名理学家、教育家。世称"二程"。他们创立一套儒家唯心主义哲学理论,并在此讲学传道,称"洛学",后发展为"宋明理学"。二程弟子众多,杨时、游酢冒雪等待休息中的程颐,留下尊师重教的典故"程门立雪"。

洛阳伊川二程故里

五代北宋时期
Five Dynasties and Northern Song Periods

陶套兽

北宋（公元 960 ~ 1127 年）
1991 年洛阳老城区宋代衙署庭园遗址出土
长 49 厘米

Pottery animal-shaped ormament
Northern Song Dynasty (960 ~ 1127AD)
Excavated from Laocheng District, Luoyang, 1991
Length:49cm

龙首，鹿角，兽耳，卷眉，圆凸目，长卷鼻，口两侧各有两颗上下翻卷的獠牙，眉脊、胡须清晰，龙须向后飘扬，兽身截面呈正方形，两侧刻有龙鳞。

五代北宋时期
Five Dynasties and Northern Song Periods

花叶纹陶碗模

北宋（公元960～1127年）
洛阳出土
高8厘米
Pottery bowl mould with flower and leaf design
Northern Song Dynasty (960～1127AD)
Excavated from Luoyang
Height:8cm

圆形，内空，外刻花叶纹。

天蓝釉红斑瓷碗

北宋(公元 960～1127 年)
洛阳汝阳出土
高 5.1 厘米
Sky-blue glazed porcelain bowl with red spots
Northern Song Dynasty (960～1127AD)
Excavated from Ruyang County, Luoyang
Height:5.1cm

  敛口,圆唇,弧腹斜收,小圈足。除足外皆施天蓝釉,釉层里呈现数块艳丽的紫红斑。内壁及器表开冰裂碎片纹。属钧窑系瓷器。

五代北宋时期
Five Dynasties and Northern Song Periods

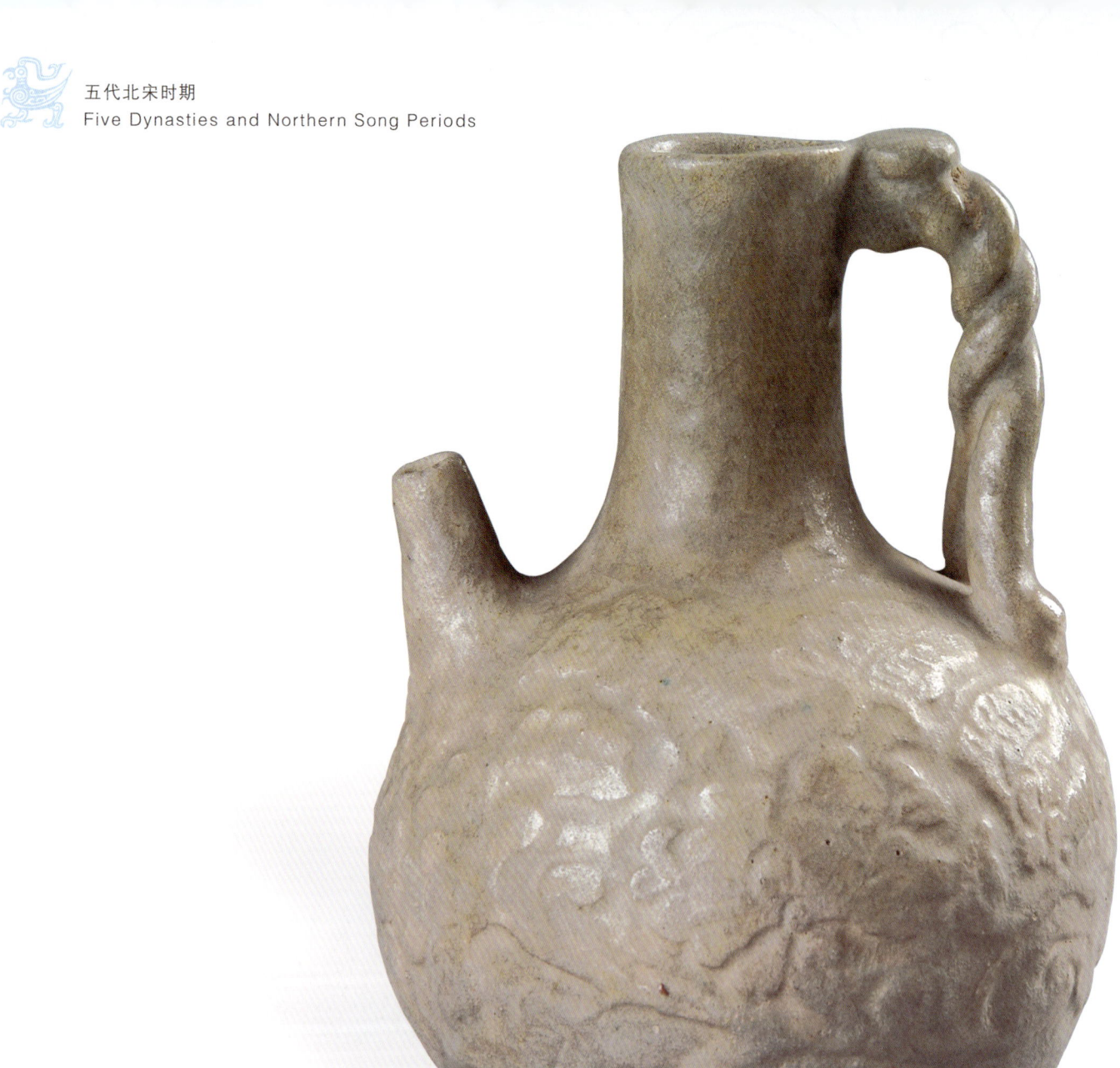

青釉减地花卉瓷壶

北宋（公元960～1127年）
洛阳出土
高14.7厘米
Celadon kettle with flower design
Northern Song Dynasty (960～1127AD)
Excavated from Luoyang
Height:14.7cm

直口、长颈、短流。壶腹圆鼓，圈足。通体施青釉。

青釉印花四鱼纹瓷碗

北宋（公元960～1127年）
1978年洛阳出土
高3.5厘米
Celadon bowl with stamped pattern of four fish
Northern Song Dynasty (960～1127AD)
Excavated from Luoyang, 1978
Height:3.5cm

圆形，侈口，小底。施青釉，内饰水波纹及四鱼纹。属汝窑系瓷器。

五代北宋时期
Five Dynasties and Northern Song Periods

青釉刻花莲瓣纹瓷碗

北宋（公元 960～1127 年）
洛阳涧西区出土
高 6.8 厘米
Celadon bowl with carved lotus petal design
Northern Song Dynasty (960～1127AD)
Excavated from Jianxi District, Luoyang
Height:6.8cm

　　圆形，斜弧腹，圈足。外壁刻饰凸起的三层莲花纹。釉色青中泛黄。

汝窑瓷碗

北宋（公元 960～1127 年）
1978 年洛阳出土
高 5.3 厘米
Porcelain bowl from Ru kiln
Northern Song Dynasty (960～1127AD)
Excavated from Luoyang, 1978
Height:5.3cm

  微敞口，深腹，小圈足，底有三个小支钉痕。施豆青釉，开细碎冰裂纹。属汝窑系瓷器。

五代北宋时期
Five Dynasties and Northern Song Periods

黑釉油滴瓷碗

北宋（公元 960～1127 年）
洛阳出土
高 6.9 厘米
Black glazed porcelain bowl with oil-drop pattern
Northern Song Dynasty (960～1127AD)
Excavated from Luoyang
Height:6.9cm

敞口，斜弧壁，浅弧底，圈足。腹上施黑釉，有油滴现象。

兔毫黑瓷碗

北宋（公元 960 ～ 1127 年）
1973 年洛阳汝阳出土
高 9.1 厘米
Black porcelain bowl with rabbit hair pattern
Northern Song Dynasty (960 ～ 1127AD)
Excavated from Ruyang County, Luoyang, 1973
Height:9.1cm

敛口，深腹，小圈足。施黑釉，有兔毫纹。属建阳窑系瓷器。

五代北宋时期
Five Dynasties and Northern Song Periods

鸭戏水纹瓷碗

北宋（公元 960～1127 年）
洛阳出土
高 4.4 厘米
Porcelain bowl with design of swimming duck
Northern Song Dynasty (960～1127AD)
Excavated from Luoyang
Height:4.4cm

敛口，浅腹，内刻饰戏水鸭纹。属耀州窑系瓷器。

登封窑剔花高足瓷炉

北宋（公元 960～1127 年）
洛阳出土
高 12 厘米
Porcelain incense burner with high stem and floral decoration
Northern Song Dynasty (960～1127AD)
Excavated from Luoyang
Height:12cm

　　宽沿，直腹，高圈足。白釉剔花叶纹，内墨书"司"字。属登封窑系瓷器。

五代北宋时期
Five Dynasties and Northern Song Periods

白釉剔花牡丹纹瓷罐

北宋(公元 960～1127 年)
洛阳出土
高 12.5 厘米
White glazed porcelain jar carved with peony design
Northern Song Dynasty (960～1127AD)
Excavated from Luoyang
Height:12.5cm

  敞口，圆唇，短颈，鼓腹，圈足。通体施白釉，颈下剔一周锯齿纹，腹部共两枝剔花牡丹。

荷叶形青瓷碗

北宋（公元 960～1127 年）
1956 年洛阳岳家湾村墓葬出土
高 4.1 厘米
Celadon bowl with lotus-leaves shaped
Northern Song Dynasty (960～1127AD)
Excavated from Luoyang, 1956
Height:4.1cm

　　口呈荷叶形，浅腹，圈足。施青釉。

五代北宋时期
Five Dynasties and Northern Song Periods

双鱼纹花口白瓷盘

北宋（公元 960～1127 年）
1973 年洛阳出土
高 2 厘米
White porcelain plate with double-fish design and flower-shaped mouth
Northern Song Dynasty (960～1127AD)
Excavated from Luoyang, 1973
Height:2cm

花口方形，地饰双鱼印纹。属定窑系瓷器。

白釉三角形花边瓷碟

北宋(公元960～1127年)
洛阳出土
高1.5厘米
White glazed porcelain dish with decorative rim and triangular shaped
Northern Song Dynasty (960～1127AD)
Excavated from Luoyang
Height:1.5cm

等腰三角形,碟边为花瓣形,碟心饰一蝴蝶。

五代北宋时期
Five Dynasties and Northern Song Periods

白釉瓜棱腹带盖瓷瓿

北宋（公元960～1127年）
1964年洛阳瀍河区机瓦厂出土
高5.5厘米
White glazed porcelain Fu with lid and melon ridges
Northern Song Dynasty (960～1127AD)
Excavated from Chanhe District, Luoyang, 1964
Height:5.5cm

　　敛口，扁鼓腹，腹呈五瓣瓜棱形，平底，下承三小足，上戴帽形盖。属北方白瓷系。

白釉黑花卷草纹瓷梅瓶

北宋（公元960～1127年）
洛阳出土
高40.2厘米
White glazed porcelain Meiping with rolling design
Northern Song Dynasty (960～1127AD)
Excavated from Luoyang
Height:40.2cm

小口，丰肩，深腹，圈足。瓶身以黑褐彩绘变体花叶纹。属耀州窑系瓷器。

五代北宋时期
Five Dynasties and Northern Song Periods

白地黑花鸭戏水纹瓷梅瓶

北宋（公元 960～1127 年）
1970 年洛阳宜阳出土
高 42.8 厘米
Porcelain Meiping with design of swimming ducks, black-on-white
Northern Song Dynasty (960～1127AD)
Excavated from Yiyang County, Luoyang, 1970
Height:42.8cm

　　小口，竖颈，丰肩，鼓腹，圈足底，主体纹饰开光鸭戏纹，附以卷草纹、莲瓣纹。

黑釉剔花牡丹纹瓷梅瓶

北宋（公元 960～1127 年）
洛阳出土
高 39 厘米
Black glazed porcelain Meiping with peony design
Northern Song Dynasty (960～1127AD)
Excavated from Luoyang
Height:39cm

　　小口，丰肩，深腹下收。施黑褐釉，剔牡丹纹及莲瓣纹。属磁州窑系瓷器。

五代北宋时期
Five Dynasties and Northern Song Periods

观音送子纹瓷枕

北宋（公元 960～1127 年）
1984 年洛阳出土
高 14.5 厘米
Porcelain pillow with carved figurines
Northern Song Dynasty (960～1127AD)
Excavated from Luoyang, 1984
Height:14.5cm

  呈长弧形，白胎白釉，刻花纹饰，主题为观音送子图案。反映出嫁妇女希望早生贵子的迫切愿望，具有北宋民间瓷窑的特点。

黄绿釉高圈足瓷枕

北宋（公元 960～1127 年）
1954 年洛阳岳家村出土
高 17.8 厘米
Yellow-green glazed porcelain pillow with high ring foot
Northern Song Dynasty (960～1127AD)
Excavated from Luoyang, 1954
Height:17.8cm

枕体作佛像背光状，三面高出，前中部下凹，下为内空半圆形体座，背有一小圆孔。除底外，施黄绿色釉，枕面边缘刻饰曲线，并以两条平行线垂直横竖、划分成九段。

五代北宋时期
Five Dynasties and Northern Song Periods

白地黑花瓷枕

北宋(公元960～1127年)
1985年洛阳财贸干校宋墓出土
高12厘米
Porcelain pillow, black-on-white
Northern Song Dynasty (960～1127AD)
Excavated from Luoyang, 1985
Height:12cm

　　八角形。枕面边以黑釉饰花叶纹,以粗条纹与边平行成八角形,中间饰一折枝茶花,枝上两朵开放的茶花。属磁州窑系瓷器。

"齐寿" 瓷枕

北宋（公元 960～1127 年）
1961 年洛阳栾川出土
高 15 厘米
Porcelain pillow with design in relief
Northern Song Dynasty (960～1127AD)
Excavated from Luanchuan County, Luoyang, 1961
Height:15cm

　　长方形，上大下小，上面两端上翘，周围及四周均有浮雕花草图案，珍珠地，正中有繁体楷书"齐寿"两字。

五代北宋时期
Five Dynasties and Northern Song Periods

珍珠地荷花鸳鸯纹瓷枕

北宋（公元 960～1127 年）
1977 年洛阳机瓦厂采集
高 12 厘米
Porcelain pillow with lotus and mandarin duck patterns on pearl-like ground
Northern Song Dynasty (960～1127AD)
Collected from Luoyang, 1977
Height:12cm

　　椭圆形，枕面内凹，上饰珍珠地鸳鸯荷花纹。白釉地。

白釉诗词瓷枕

北宋（公元 960～1127 年）
1975 年洛阳机瓦厂采集
高 13 厘米
White glazed porcelain pillow with design of poems
Northern Song Dynasty (960～1127AD)
Collected from Luoyang, 1975
Height:13cm

  腰圆形，施白釉，枕面中饰四蒂形开光，内有宋欧阳修《会老堂致语》诗两句："金马玉堂三学士，清风明月两闲人。"外围及壁饰珍珠地荷叶纹。枕面诗文和花纹极具时代性，反映了宋代诗词在民间的广泛流传。

五代北宋时期
Five Dynasties and Northern Song Periods

白釉珍珠地荷花瓷枕

北宋(公元960～1127年)
1985年洛阳新安出土
高13.5厘米
White glazed porcelain pillow with lotus pattern on pearl-like ground
Northern Song Dynasty (960～1127AD)
Excavated from Xin'an County, Luoyang, 1985
Height:13.5cm

  半椭圆形，枕面一周为草叶纹，面中一朵荷花与两叶，一叶展开，一叶两侧向内卷，其余部分用珍珠纹填实，枕四周绘写意牡丹。通体施白釉，花纹线条为赭色。白釉珍珠地剔花类似登封窑系产品。

白釉剔花鸳鸯纹瓷枕

北宋(公元 960～1127 年)
1980 年洛阳嵩县出土
高 11 厘米
White glazed porcelain pillow with incised flower and mandarin duck patterns
Northern Song Dynasty (960～1127AD)
Excavated from Song County, Luoyang, 1980
Height:11cm

　　圆腰形，椭圆形枕面，通体施白釉，枕面剔赭色荷花、鸳鸯、卷草纹，周壁剔卷草纹，后背一圆孔，反映宋代人民吉祥求福的美好愿望。

五代北宋时期
Five Dynasties and Northern Song Periods

珍珠地"德福"瓷枕

北宋(公元960～1127年)
洛阳出土
高11.5厘米
Porcelain pillow inscribed "de fu" on pearl-like ground
Northern Song Dynasty(960～1127AD)
Excavated from Luoyang
Height:11.5cm

　　椭圆形，枕面内凹，上饰珍珠地及"德福"两字，侧壁饰褐地白花叶纹，上饰吉祥文字，属登封窑系瓷器。

狮形石枕

北宋（公元 960～1127 年）
1950 年洛阳出土
高 12 厘米
Stone pillow of lion shape
Northern Song Dynasty (960～1127AD)
Excavated from Luoyang, 1950
Height:12cm

　　狮卧于亚字形底板上，背上立一柱，柱上托凹面形枕面。枕用一整块石头雕刻而成，眼纹、耳廓、毛颈等清晰可见。

五代北宋时期
Five Dynasties and Northern Song Periods

瓷象棋

北宋（公元960～1127年）
1997年洛阳西工区宋墓出土
直径1.8厘米
Porcelain chinese chess
Northern Song Dynasty (960～1127AD)
Excavated from Xigong District, Luoyang, 1997
Diameter:1.8cm

圆形。一套32枚。计有：将2个、卒10个（白黑各5个）、车4个、炮4个、士4个、马4个、象4个。卒子齐全，时代确切，是目前考古发现的年代和出土地点明确，且保存最完整的瓷质中国象棋。

北宋时期 · 文物精粹

510 … 511

银葵花盘

北宋（公元 960～1127 年）
1990 年洛阳邙山宋代壁画墓出土
高 1.3 厘米
Silver plate with sunflower pattern
Northern Song Dynasty (960～1127AD)
Excavated from a tomb of the Song Dynasty at Mangshan, Luoyang, 1990
Height:1.3cm

  葵口，宽平沿稍上卷，圆唇，斜弧腹，平底。沿面饰如意花纹，内底中部饰两株折枝花，其外周饰两匝弦纹边带，上涂金。盘沿脊面竖刻"行宫公用葵花盘贰面共重捌两"13 字。据铭文当属皇室所用，品位高雅。

银瓶

北宋（公元 960～1127 年）
1990 年洛阳邙山宋代壁画墓出土
高 20.2 厘米
Silver vase
Northern Song Dynasty (960～1127AD)
Excavated from a tomb of the Song Dynasty at Mangshan, Luoyang, 1990
Height:20.2cm

　　小敛口，卷沿，直领，圆肩，收腹，平底，矮圈足。肩腹部饰几何形卷云纹，上下端各饰一条弦纹为界，领部刻"六"字。型制仿前代铜器，颇具古风。

五代北宋时期
Five Dynasties and Northern Song Periods

金丝编头饰

北宋（公元 960～1127 年）
1990 年洛阳邙山宋代壁画墓出土
长 6.4×7.6 厘米
Gold head ornament
Northern Song Dynasty (960～1127AD)
Excavated from a tomb of the Song Dynasty at Mangshan, Luoyang, 1990
Length:6.4×7.6cm

  由金丝编织而成，呈四瓣云朵形。边饰连珠，内作卷草花纹，上部嵌圆形水晶石，中部嵌绿松石，两侧各嵌蚌珠一，珠外侧錾成花瓣形，表面涂绿色，中间钻孔，下部嵌一圆形蚌珠。

金耳饰

北宋（公元 960～1127 年）
1990 年洛阳邙山宋代壁画墓出土
长 4.2×2.8 厘米
Gold ear ornaments
Northern Song Dynasty (960～1127AD)
Excavated from a tomb of the Song Dynasty at Mangshan, Luoyang, 1990
Length:4.2×2.8cm

上端作一飞蝶形，首须向下，中部作一卷草花朵，下作两叶，均以金丝所作之卷草花纹衬地，背有插针，针端稍外曲。纹饰取材自然，富有生活气息。

五代北宋时期
Five Dynasties and Northern Song Periods

骨梳

北宋（公元 960～1127 年）
洛阳出土
长 9.2 厘米　宽 3.2 厘米
Bone comb
Northern Song Dynasty (960～1127AD)
Excavated from Luoyang
Length:9.2cm　Width:3.2cm

　　骨质，半月形，主体颜色淡黄，中间点缀淡绿色，上描以金线与金色纹饰，梳把上镂雕缠枝牡丹。

金簪

北宋(公元960~1127年)
1990年洛阳邙山宋代壁画墓出土
长14.3厘米
Gold hairpin
Northern Song Dynasty (960~1127AD)
Excavated from a tomb of the Song Dynasty at Mangshan, Luoyang, 1990
Length:14.3cm

用金片制成,体扁平。端头作莲花形,颈作竹节状,簪身上端錾葵花一朵,以下作卷枝牡丹花纹。

五代北宋时期
Five Dynasties and Northern Song Periods

卧兔石镇

北宋（公元 960～1127 年）
1970 年洛阳瀍河区出土
高 4.3 厘米
Stone weight of a lying rabbit shape
Northern Song Dynasty (960～1127AD)
Excavated from Chanhe District, Luoyang, 1970
Height:4.3cm

　　兔卧于长方形底板上，头部着地，双耳向后贴伏背上，两前腿前伸伏地贴于头部，后腿蜷曲，背部隆起。

泗州大圣石像

北宋（公元 960～1127 年）
洛阳出土
通高 76 厘米
Sizhou Buddha
Northern Song Dynasty (960～1127AD)
Excavated from Luoyang
Height in all:76cm

又名"泗州和尚"。座右侧系题记。结跏趺坐于束腰仰莲圆台上，头裹帻，身披袈裟。帽带下垂胸侧。掌相合叠置双足上。广额方颐，面略丰，双目微启。呈深思冥想状。"泗州大圣"即唐朝初年西域何国人僧伽。僧伽在佛教典籍中被视为观音菩萨的化身。该造像碑保存完整，形象写真传神，有明确纪年，极为少见。

结束语

孔子曰"逝者如斯夫"。人类从洪荒走来,历史如滔滔江河之水,冲刷着蒙昧和局限,创造着文明、国家、制度、礼仪、哲学、宗教、科技与工艺,形成蔚为大观的物质文明和精神文明,这些文明集合体形成与积淀的过程,就是一部人类社会的发展史。

古希腊哲学家赫拉克利特说"人不能两次踏进同一条河流"。当人类科技手段尚不足以超越光速,不能驭波驰光的时候,由于时间的一维性,我们无法回归历史,面对面与祖先把手言欢,表达对其的无限尊崇。博物馆是收藏、展示历史实物,体验和感悟历史,与祖先心灵交流对话的殿堂,是距真理最近的地方。

河洛地区是中华文明的摇篮,河洛文明是中华文明的内核。巡游洛阳博物馆的历史陈列,犹如跋涉于历史的长河。石器时代的粗粝、青铜时代的庄严、铁器时代的辉煌,处处体现着华夏民族生生不息的伟大创造力。这种取之不竭的历史智慧是中华民族复兴的重要源泉、屹立于世界民族之林的深厚根基。

Conclusion

Confucius said "Thus things flow away day and night ". The human race came from the times of great antiquity like rivers bathed the ignorance and limitation, created the civilization, the state, the system, the convenance, the philosophy, the religion, the technology and the workmanship, came into being a good variety of material and spiritual civilizations. The course of formation and accumulation of these civilized aggregations is the story of human society.

The ancient Greek philosopher Heraclitus said "People can not step twice into the same river". As humanity technological means can not yet such as to overstep speed of light, to control wave and light. Owing to the time is a oneness, we unable to accomplish a return to history, to shake hands with ancestors face to face in orderto show our infinite worship. Museum is a palatial hall where we can collecting and displaying the historical materials, experienceing and feeling history, exchangeing and dialogueing with ancestor heart and soul. Museum is also a place that nearest to the truth .

Heluo region is the cradle of chinese civilisation, The kernel of chinese civilisation is Heluo civilisation. Cruising the history display of Luoyang museum , just as toiling over the long process of history. The roughness of the stone age , the grandeur of the bronze age, the resplendence of the iron age, are all reflecting the unceasing and great creativity of the Huaxia nationality . This inexhaustible wisdom is the source of strength in rejuvenation of the Chinese nation , the deep foundation to stand on our own feet in the family of nations.

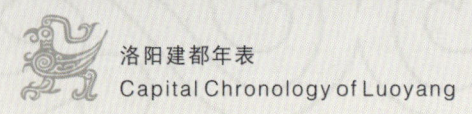

洛阳建都年表

朝代	名称	都城位置	居洛帝王	建都时间
夏	斟鄩	偃师二里头	太康、仲康、孔甲、帝皋、夏桀	公元前2070年—公元前1600年
商	西亳	偃师尸乡沟	商汤、外丙、仲壬、太甲等	公元前1600年
西周	洛邑成周	瀍河两岸	成王、康王、昭王、穆王等	公元前1046年—公元前771年
东周	洛邑	王城（涧河两岸）	平王至悼王、赧王共十四王	公元前770年—公元前256年 凡515年
		成周城（白马寺东）	敬王至慎靓王共十一王	
东汉	雒阳	汉魏故城	光武帝至献帝共十二帝	公元25年—公元190年 凡165年
曹魏	洛阳	汉魏故城	文帝至元帝共五帝	公元221年—公元265年 凡44年
西晋	洛阳	汉魏故城	武帝至愍帝共四帝	公元265年—公元313年 凡48年
北魏	洛阳	汉魏故城	孝文帝至孝武帝共七帝	公元493年—公元534年 凡41年
隋	东京	隋唐洛阳城	炀帝、恭帝	公元606年—公元618年 凡12年
唐	洛阳宫东都神都东京	隋唐洛阳城	高宗、武后、中宗、玄宗、昭宗、哀宗等六帝	公元657年—公元908年 其间都洛凡40余年
后梁	西都	隋唐洛阳城	太祖、郢帝、末帝	公元909年—公元913年 凡14年
后唐	东都	隋唐洛阳城	庄宗、明宗、闵帝、末帝	公元923年—公元936年 凡13年
后晋	西京	隋唐洛阳城	高祖	公元936年—公元938年 约2年

历代帝王都洛表

王朝名称	帝王称号	都洛时间	都城名称	都城遗址
夏	太康		斟鄩	偃师二里头
	仲康		斟鄩	偃师二里头
	后羿		斟鄩	偃师二里头
	寒浞		斟鄩	偃师二里头
	少康		斟鄩	偃师二里头
	夏桀		斟鄩	偃师二里头
商	商汤		西亳	偃师尸乡沟
	外丙		西亳	偃师尸乡沟
	仲壬		西亳	偃师尸乡沟
	太甲		西亳	偃师尸乡沟
	沃丁		西亳	偃师尸乡沟
	太康		西亳	偃师尸乡沟
	小甲		西亳	偃师尸乡沟
	雍己		西亳	偃师尸乡沟
	太戊		西亳	偃师尸乡沟
	仲丁		西亳	偃师尸乡沟

历代帝王都洛表
Chronology of Every Emperor in Luoyang

王朝名称	帝王称号	都洛时间	都城名称	都城遗址
西周	成王	前1059–前1027	周王城	洛邑王城
西周	康王	前1026–前1001	周王城	洛邑王城
西周	昭王	前1000–前977	周王城	
西周	穆王	前976–前922	成 周	
西周	共王	前921–前910	成 周	
西周	懿王	前909–前885	成 周	
西周	孝王	前884–前870	成 周	
西周	夷王	前869–前858	成 周	
西周	厉王	前857–前828	成 周	
西周	宣王	前827–前782	成 周	
西周	幽王	前781–前771	成 周	
东周	周平王	前770–前720	王 城	周王城
东周	恒王	前719–前697	王 城	
东周	庄王	前696–前682	王城、成周	
东周	僖王	前681–前677	王 城	
东周	惠王	前676–前652	王 城	
东周	襄王	前651–前619	王 城	
东周	顷王	前618–前613	王 城	
东周	匡王	前612–前607	王 城	
东周	定王	前606–前586	王 城	
东周	简王	前585–前572	王 城	
东周	灵王	前571–前545	王 城	
东周	景王	前544–前520	王 城	
东周	悼王	前520	王 城	
东周	敬王	前519–前476	成周城	汉魏洛阳城
东周	元王	前475–前469	成周城	汉魏洛阳城

王朝名称	帝王称号	都洛时间	都城名称	都城遗址
东周	贞定王	前468–前441	成周城	汉魏洛阳城
	哀王	前441	成周城	汉魏洛阳城
	思王	前441	成周城	汉魏洛阳城
	考王	前440–前426	成周城	汉魏洛阳城
	威烈王	前425–前402	成周城	汉魏洛阳城
	安王	前401–前376	成周城	汉魏洛阳城
	烈王	前375–前369	成周城	汉魏洛阳城
	显王	前368–前321	成周城	汉魏洛阳城
	慎靓王	前320–前315	成周城	汉魏洛阳城
	赧王	前314–前256	王城、成周	王城、汉魏洛阳城

历代帝王都洛表
CHRONOLOGY OF EVERY EMPEROR IN LUOYANG

王朝名称	称号	姓名	都洛起讫时间	首都名称	都称遗址	葬地
西汉	高祖	刘邦	前202	洛阳	汉魏故城	陕西咸阳
更始	更始帝	刘玄	24	洛阳	汉魏故城	陕西霸陵
东汉	光武帝	刘秀	25–27	雒阳	汉魏故城	洛阳孟津铁谢
东汉	明帝	刘庄	57–75	雒阳	汉魏故城	洛阳孟津送庄
东汉	章帝	刘炟	75–88	雒阳	汉魏故城	洛阳孟津送庄
东汉	和帝	刘肇	88–105	雒阳	汉魏故城	洛阳孟津送庄
东汉	殇帝	刘隆	105–106	雒阳	汉魏故城	洛阳东南
东汉	安帝	刘祜	106–125	雒阳	汉魏故城	洛阳北邙
东汉	少帝	刘懿	125	雒阳	汉魏故城	洛阳北邙
东汉	顺帝	刘保	125–144	雒阳	汉魏故城	洛阳北邙
东汉	冲帝	刘炳	144–145	雒阳	汉魏故城	洛阳北邙
东汉	质帝	刘缵	145–146	雒阳	汉魏故城	洛阳东南
东汉	桓帝	刘志	146–167	雒阳	汉魏故城	洛阳东南
东汉	灵帝	刘宏	167–189	雒阳	汉魏故城	洛阳东北
东汉	少帝	刘辨	189	雒阳	汉魏故城	洛阳附近
东汉	献帝	刘协	189–190	雒阳	汉魏故城	河南省修武县
曹魏	文帝	曹丕	220–226	洛阳	汉魏故城	洛阳偃师首阳山
曹魏	明帝	曹睿	226–239	洛阳	汉魏故城	洛阳南汝阳霸陵
曹魏	齐王	曹芳	239–254	洛阳	汉魏故城	不详
曹魏	高贵乡公	曹髦	254–260	洛阳	汉魏故城	洛阳北邙
曹魏	元帝	曹奂	260–265	洛阳	汉魏故城	不详
西晋	武帝	司马炎	265–290	洛阳	汉魏故城	洛阳偃师南蔡庄
西晋	惠帝	司马衷	290–306	洛阳	汉魏故城	洛阳偃师南蔡庄
西晋	怀帝	司马炽	306–310	洛阳	汉魏故城	不详
北魏	孝文帝	元宏	493–499	洛阳	汉魏故城	洛阳孟津官庄
北魏	宣武帝	元恪	499–515	洛阳	汉魏故城	洛阳北邙

王朝名称	称号	姓名	都洛起讫时间	首都名称	都称遗址	葬地
北魏	孝明帝	元诩	515-528	洛阳	汉魏故城	洛阳北邙
	幼主	元钊	528-530	洛阳	汉魏故城	洛阳北邙
	孝庄帝	元子攸	528-530	洛阳	汉魏故城	洛阳北邙
	东海王	元晔	530-531	洛阳	汉魏故城	不详
	节闵帝	元恭	531-532	洛阳	汉魏故城	不详
	安定王	元朗	531-532	洛阳	汉魏故城	河南省安阳市西南
	孝武帝	元修	532-534	洛阳	汉魏故城	陕西省富平县
隋	炀帝	杨广	605-618	东都	隋唐东都遗址	今江苏省扬州市
	皇泰帝	杨侗	618-619	东都	隋唐东都遗址	今河南省洛阳市
郑		王世充	619-621	东都	隋唐东都遗址	不详
唐	高宗	李治	657-683	东都	隋唐东都遗址	今陕西省乾县
	中宗	李显	683-684 705-706	东都	隋唐东都遗址	今陕西省富平县
	昭宗	李晔	904	东都	隋唐东都遗址	今河南省偃师市
	哀帝	李柷	904-907	东都	隋唐东都遗址	今山东省菏泽市
武周	圣神皇帝	武则天	690-705	神都	隋唐东都遗址	今陕西省乾县
大燕	雄武皇帝	安禄山	756-757	洛阳	隋唐东都遗址	不详
		安庆绪	757.1-10月	洛阳	隋唐东都遗址	不详
		史思明	759-761	洛阳	隋唐东都遗址	不详
		史朝义	761.3-10	洛阳	隋唐东都遗址	不详
后梁	太祖	朱温	909-912	洛阳	隋唐东都遗址	今河南省伊川县
	郢王	朱友珪	912-913	洛阳	隋唐东都遗址	不详
后唐	庄宗	李存勖	923-926	洛阳	隋唐东都遗址	今河南省新安县下坡谷

中外历史对照年表

中国		亚洲	欧洲	非洲	美洲及大洋洲
朝代	事件				
大约300万年前，地球上出现人类。					
旧石器时代早期（距今约250万~100万年前）	中国旧石器时代早期文化分布已很普遍。距今100万年前的旧石器文化有西侯度文化、元谋人石器、匼河文化、蓝田人文化以及东谷坨文化。距今100万年以后的遗址更多，在北方以周口店第1地点的北京人文化为代表，在南方以贵州黔西观音洞的观音洞文化为代表。	西亚与欧洲、非洲在文化上的关系很密切，石器的分类和命名多采用欧洲的标准。这一地区的旧石器时代早期文化以砾石砍斫器和手斧为主要特征。有类似奥杜韦文化的类型和阿舍利文化。	欧洲旧石器时代早期文化可分为两大系统，一是手斧文化系统，包括阿布维利文化和阿舍利文化；一是没有手斧的石片石器文化系统，如克拉克当文化。两者大体是平行发展的。	迄今所知最早的石器发现于东非肯尼亚的科比福拉，以及埃塞俄比亚的奥莫和哈达尔地区，年代距今约250万~200万年。旧石器时代早期在非洲存在两大石器文化传统：奥杜韦文化和阿舍利文化。	
旧石器时代中期（距今约10万~3万年前）	中国旧石器时代中期文化可用山西襄汾发现的丁村文化为代表。另外比较重要的有周口店第15地点文化和山西阳高许家窑人文化。	中期以石片石器文化为主要特征，与欧洲莫斯特文化接近。	以莫斯特文化为代表，其主要特征是修理石核技术（勒瓦娄哇技术和盘状石核技术）有了很大的发展，典型器物是比较精致的刮削器和尖状器。	在北非有莫斯特文化和阿替林文化；在撒哈拉以南地区，有中非的石核斧类型文化，如山果文化和卢本巴文化，南非的彼得斯堡文化、奥兰治文化、斯蒂尔贝文化和班巴塔文化。	

中外历史对照年表

朝代	中国 事件	亚洲	欧洲	非洲	美洲及大洋洲
旧石器时代晚期（距今约3万~2万年前）	遗址数量增多，文化遗物更加丰富，文化类型也更加多样。在华北、华南及其他地区，都存在时代相近但技术传统不同的文化类型。在华北，有继承前一个时期的小石器传统，其重要代表有萨拉乌苏遗址、峙峪文化、小南海遗址、山顶洞遗址（见山顶洞人）等；有石叶文化类型，以宁夏回族自治区灵武县的水洞沟文化为代表，它与西方同期文化有较多的相似处；还有70年代后发现的典型细石器工艺，如山西沁水的下川文化，河北阳原虎头梁遗址的虎头梁文化等。在东北地区，属于这一时期的重要遗址有辽宁海城小孤山遗址和黑龙江哈尔滨阎家岗遗址等。在南方，以四川省汉源县富林遗址命名的富林文化类型，以重庆市铜梁县张二塘遗址为代表的铜梁文化类型，以及最初在贵州省兴义市猫猫洞遗址发现的猫猫洞文化类型。	晚期遗存主要是石叶文化，与欧洲的奥瑞纳文化和格拉韦特文化比较相似，最后出现了细石器。	旧石器时代晚期有奥瑞纳文化、梭鲁特文化和马格德林文化。这一时期的特点是石器主要用石叶制作，有端刮器、雕刻器和钝背刀等；骨角器很发达。出现了鱼叉、骨针、标枪、投矛器等新工具；还出现了装饰品和绘画、雕塑等艺术品。	旧石器时代晚期，非洲气候极为干旱，发现的遗存数少，在北非有与欧洲石叶文化相似的代拜文化，在撒哈拉以南地区则有奇托利文化等。	

中外历史对照年表

Comparative Chronology between Chinese and Foreign History

朝代	中国 事件	亚洲	欧洲	非洲	美洲及大洋洲
新石器时代早期（约公元前12000～8000年前）	已经实行定居，但社群规模不大。开始制作和使用磨制石器。经济结构以渔猎和采集为主，早期的栽培农业和家畜饲养为辅。目前在我国南北均发现一些此阶段的遗址。如北方陕西大荔沙苑遗址、河北徐水南庄头遗址。南方洞穴遗址（湖南道县玉蟾岩遗址、江西万年仙人洞和吊桶环遗址、广西桂林甑皮岩遗址以及岭南的一些贝丘遗址。	大约在公元前9000～前8000年，西亚进入原始新石器时期，有了农业和养畜业的萌芽。最早进入新石器时代的是利凡特（今以色列、巴勒斯坦、黎巴嫩和叙利亚）、安那托利亚（今土耳其）和扎格罗斯山山前地区，即所谓农业起源的新月形地带。			
新石器时代中期（约公元前7000～5000年前）	打制石器仍较多，但磨制石器数量与器类显著增加。陶器数量与器类明显增加。农业和家禽饲养成为居民主要生产活动。主要遗址有河南新郑裴李岗文化、河北易县磁山文化、陕西老官台文化、山东滕县北辛文化、内蒙古赤峰兴隆洼文化、湖北枝城城背溪文化、湖南石门皂市文化、浙江余姚河姆渡文化。	大约在公元前6000～前5000年中亚进入新石器时代，其代表有哲通文化。该文化分布于土库曼斯坦境内。	中欧在公元前6000年，北欧部分地区在公元前5000～前4000年到达新石器时代。公元前5508～前2750年的库库特尼～特里波里文化是欧洲最早的大规模文明，也是世界最早的文明之一。	非洲是最早跨入文明社会的地区之一。公元前5000年，尼罗河下游的古埃及居民就掌握了谷物栽培、修建水利工程的技术。	

中外历史对照年表

中国		亚洲	欧洲	非洲	美洲及大洋洲
朝代	事件				
新石器时代晚期（公元前5000~2500年前）	磨制石器为主，制作精细，技术熟练，使用切割法和穿孔技术。陶器制作使用轮制，陶器群器类增多，造型美观，烧成温度较高，彩陶多见。农业和家畜饲养发达。主要遗址有河南渑池仰韶文化、黄河上游马家窑文化、黄河下游大汶口文化、辽河流域红山文化、长江中游大溪文化和屈家岭文化、长江下游马家浜文化和良渚文化及岭南石峡文化。	约公元前4300~3500年苏美尔地区出现原始的城市。约公元前3500年进入乌鲁克文化期，早期城邦国家出现。公元前3000年左右 两河流域出现奴隶制城市国家。公元前2900~2371年苏美尔早王朝时代，各城邦国家争雄称霸、征战不休。公元前2500年印度河文明形成，称为哈拉帕文化。	公元前2000年左右，古希腊人的祖先就定居在爱琴海的克里特岛，它也成为了古希腊文明的发源地。	约公元前3500年埃及城邦时期开始。公元前3500年，古埃及人又创造了世界上最早的象形文字。约公元前3100年左右埃及形成统一的奴隶制国家。公元前2686埃及第三王朝开始，定都孟菲斯。古王国时期埃及兴建金字塔。公元前2500年埃及狮身人面像石雕，也称为《斯芬克司像》。	公元前3113年玛雅在中美定居（玛雅的最后一个纪元开始于公元前3113年）。
铜石并用时代（约公元前3000~2000年）	黄河流域许多地区进入铜石并用时代（包括仰韶晚期到整个龙山时代），即传说中的炎帝、黄帝、尧、舜时期，石器仍然占主要地位，但出现少量小型铜质工具。快轮制陶盛行。中国文明起源的重要时代。城址分布普遍，等级观念进一步发展，社会处于急剧变革时期，氏族制度开始走向解体。约公元前2500年，中国先民发明养蚕业。	公元前2371~2230年萨尔贡一世建阿卡德王国，短暂统一巴比伦尼亚。	公元前3000~2600年爱琴海地区先后进入早期青铜时代。		

中外历史对照年表

中国		亚洲	欧洲	非洲	美洲及大洋洲
朝代	事件				
夏朝（公元前2070~前1600年）	公元前2070年，禹建立夏王朝，其子启继位称"夏后"，中国开始"家天下"时代，共传14代17王。	公元前1894年，古巴比伦王国建立。约公元前1792~1795年古巴比伦汉谟拉比统一两河流域，颁布《汉谟拉比法典》，是世界上所发现的最早的成文的法律。	约公元前2000年，克里特岛进入早王宫时期，城邦兴起，进入文明时代。	公元前2040~1786年，埃及中王国时代。	
商朝（公元前1600~前1046年）	公元前1600年，成汤建立商王朝。至汤建立至纣灭亡共传17代31王。公元前1300年，商王盘庚迁都殷。	公元前1350年亚述帝国建立。公元前1518~1204年，加喜特人建立巴比伦第三王朝。公元前1165年，巴比伦人建立巴比伦第四王朝。	公元前1250年希腊各邦以迈锡尼为首远征特洛伊城。约公元前1200年多利亚人结束迈锡尼文明。	公元前1567~1085年，埃及新王国时代，都底比斯。公元前1504~1450年法老图特摩斯三世，跨西亚北非。	
西周（公元前1046~前771年）	约公元前1046年牧野之战，武王灭商建立周朝。史称西周。公元前1038年东都洛邑建成，周公"制礼作乐"，并正式册封天下诸侯。公元前841年共和元年，"国人暴动"。公元前771年，犬戎攻入镐京，西周结束。	公元前11世纪末，以色列民族进入王国时期。公元前1000~960年，以色列王大卫，定都耶路撒冷，统一以色列和犹太国家。公元前729年巴比伦被亚述吞并，古巴比伦王国结束。	公元前1100~800年，希腊进入荷马时代。约公元前800年希腊城邦兴起，科林斯城邦发展最盛。	公元前1000年左右，努比亚建立奴隶制国家。公元前1085年进入后埃及时代。	

中外历史对照年表

中国		亚洲	欧洲	非洲	美洲及大洋洲
朝代	事件				
春秋（公元前770~前476年）	公元前770年，周平王东迁洛邑，东周开始。 老子（约公元前580~约前500年）。 孔子（公元前552~前479年）。	公元前626年，新巴比伦王国建立。 公元前586年新巴比伦攻下耶路撒冷，犹太国灭亡。 公元前6世纪，居鲁士统一波斯，佛教在印度产生。 公元前539年，波斯占领巴比伦。 公元前525年，波斯灭埃及。	公元前776年，第一届奥林匹克。希腊历史元年开始。 公元前753年罗马建城，罗马史之元年。 公元前594年，梭伦任雅典首席执政官，开始改革。 公元前550年，波斯帝国建立。 公元前509年，罗马成立贵族专政的奴隶制共和国，王政时代结束。	公元前715年努比亚国王皮安希进军埃及，自称法老。	
战国（公元前475~前221年）	公元前473年，越王勾践灭吴。 公元前403年，周天子正式承认三晋（韩、赵、魏）的诸侯地位。 公元前356年，商鞅开始变法。 庄子（约公元前369~前286年）。 屈原（约公元前340~前278年）。 公元前249年，庄襄公任吕不韦为相国。 公元前238年，秦王嬴政亲政。	公元前273年，印度孔雀王朝阿育王即位，在位37年孔雀帝国极盛时期。 公元前3~3世纪，日本处于弥生时代。	公元前359年，马其顿摄政王腓力改革兵制、币制。 公元前337年，马其顿腓力二世召开全希腊会议，命各国承认其盟主地位，希腊城邦时代结束。 公元前330年，马其顿帝国亚历山大大帝灭波斯。 公元前287年阿基米德出生在意大利，发现杠杆原理、"阿基米德原理"。		

中外历史对照年表

中国		亚 洲	欧 洲	非 洲	美洲及大洋洲
朝代	事件				
秦朝（公元前221～前206年）	公元前221年秦灭六国，中国实现大统一。秦始皇确立郡县制，统一货币、度量衡和文字。 公元前214年，秦开始筑长城。 公元前209年陈胜、吴广起义。 公元前207年，巨鹿之战。 公元前206年，刘邦攻入咸阳，秦亡。	公元前3世纪摩揭陀国统一印度大部分地区。			公元前4～3世纪，玛雅人已应用了"0"这个数学概念。
西汉（公元前202～公元8年）	公元前206～前202年，楚汉之争。 公元前202年，刘邦即帝位建立王朝，史称"西汉"。 公元前200年，刘邦亲征匈奴，遭"白登之围"。 公元前180～前157年，汉文帝在位，共23年。 公元前157～前141年，汉景帝在位，"文景之治"。 公元前154年，七国之乱。 公元前141～前87年，汉武帝在位。 公元前138年，张骞出使西域。 公元前134年，董仲舒提出"天人感应、大一统"学说和"罢黜百家，独尊儒术"主张。 公元前115年，张骞第二次出使西域，"丝绸之路"开始开通。 公元前91年，司马迁完成《史记》。 公元前87年，汉武帝病逝，汉昭帝即位，外戚霍光辅政。 公元前60年，汉置西域都护。 公元前49年，汉元帝即位。	公元前195年，汉叛将卫满自称朝鲜"国王"。 公元前后，朝鲜半岛出现高句丽奴隶制国家。 公元前18年，高句丽王子温祚建百济国。 公元前后，倭人分为百余国，来汉朝贡。	公元前200年，罗马对马其顿宣战，马其顿战败。 公元前196年签订合约，马其顿承认希腊各邦独立。 公元前146年，罗马开始确立在希腊的统治地位。 公元前73～前71年，罗马爆发斯巴达克领导的奴隶起义。 公元前49年，恺撒成为罗马独裁者。 公元前27年，屋大维建立罗马的元首制，共和国结束，开始罗马帝国时代。	公元初，东非阿克苏姆奴隶制国家兴起。	
"新"莽（公元8～23年）	公元1年，王莽受赐"安汉公"。公元8年，王莽夺取西汉政权称帝改国号"新"。	公元1世纪，基督教产生。			

中外历史对照年表

中国		亚洲	欧洲	非洲	美洲及大洋洲
朝代	事件				
东汉（公元25~220年）	公元25年，刘秀称帝，定都洛阳，东汉王朝建立。 公元57年，光武帝卒，明帝即位。 公元73年，班超出使西域。 公元97年，甘英出使大秦。 公元105年，蔡伦改进造纸术。 公元132年，张衡发明地动仪。 公元142年，张道陵创立道教。 公元166年，大秦王安敦派使臣到中国。罗马与中国第一次直接联系。 公元167年，东汉"党锢之祸"。 公元184年，太平道教主张角领导黄巾起义。 公元200年，官渡之战。 公元208年，赤壁之战，"魏蜀吴"三国鼎立局面形成。	公元184年前后，倭国大乱。 公元167年，百济入侵新罗被击退，此后两国长期战争不断。	公元96年，罗马安敦尼王朝开始。 公元2世纪末~3世纪末，罗马奴隶制爆发全面危机奴隶大起义，帝国权力名存实亡，史称三世纪危机。		
三国（公元220~280年）	公元220年，魏国建立，东汉亡。 公元221年，蜀国建立。 公元222年，吴国建立。 公元230年，吴派卫温等率军队到台湾。 公元263年，魏灭蜀。 公元265年，西晋建立，魏亡。 公元280年，西晋灭吴统一全国。	公元3世纪，日本大和奴隶制国家兴起。	公元226年，祆教被波斯萨珊王朝定为国教。		
西晋（公元265~316年）东晋（公元317~420年）	公元291年，"八王之乱"开始。 公元304年，华北"五胡十六国"时期。 公元316年，西晋灭亡。 公元317年，东晋开始。 公元320年，祖逖北伐。 公元376年，前秦统一北方。 公元383年，淝水之战。	公元4~6世纪，日本古坟时代，大和政权成立。 公元372年，佛教传入高句丽。	公元313年基督教在罗马取得合法地位。 公元392年，基督教被定为罗马国教。 公元395年罗马分裂为东西两个帝国。	公元4世纪，北非发生"阿哥尼斯特"运动。	

中外历史对照年表

中国		亚洲	欧洲	非洲	美洲及大洋洲
朝代	事件				
南北朝（公元420~589年）	公元386年，拓跋珪建魏，史称北魏。 公元420年，南朝宋建立。 公元439年，十六国时期结束。 公元479年，南齐建立。 公元493年，北魏孝文帝迁都洛阳。 公元502年，后梁建立。 公元523年，北魏发生六镇起义。 公元528年，"河阴之变"。 公元534年，东魏建立。 公元535年，西魏建立。 公元550年，北齐建立。 公元557年，北周建立。 公元577年，北周灭北齐，统一北方。	公元456年，日本雄略天皇即位，天皇名号自此始。 公元503年，新罗始定国号为"新罗"，国主正式称王。 公元538年百济迁都泗沘，并改国号为南扶余。 公元552年，佛教传入日本。 公元576年，伊斯兰教创始人穆罕默德诞生于麦加。	公元476年，西罗马帝国灭亡，西欧奴隶制度崩溃。 6世纪初，法兰克王国建立。		
隋朝（公元581~618年）	公元581年，北周杨坚废帝自立，隋朝建立。 公元589年，隋灭陈，统一全国。 公元605年，隋炀帝开始开通大运河。 公元610年，隋大运河全部告竣。 公元611年，隋末农民起义开始。 公元618年，隋炀帝兵变中被杀。隋亡。	公元592年，日本进入飞鸟时代。 公元646年，日本大化改新。 公元676年，新罗统一朝鲜。			
唐朝（公元618~907年）	公元618年，李渊长安称帝，唐朝建立。 公元627~649年，"贞观之治"。 公元651年，伊斯兰教传入中国。 公元690年，武则天称帝，改国号为"周"，史称武周。 公元694年，摩尼教传入中国。 公元712年，唐玄宗即位。 公元713~741年，"开元盛世"。 公元753年，鉴真东渡日本。 公元755~763年，"安史之乱"。 公元874~884年，王仙芝、黄巢领导唐末农民战争。 公元907年，后梁建立，唐朝灭亡。	8世纪中叶，阿拉伯帝国形成。 公元658年，唐灭百济。 公元668年，唐灭高句丽。	公元843年，查里曼帝国分裂，法兰西、德意志、意大利雏形产生。 9世纪，封建制度在西欧确立。		

中外历史对照年表

中国		亚洲	欧洲	非洲	美洲及大洋洲
朝代	事件				
五代 （公元907~960年）	公元907年，后梁建立，唐亡，五代开始。 公元916年，阿保机建立契丹国。 公元923年，后唐建立，灭后梁。 公元936年，后晋建立，灭后唐。 公元947年，耶律德光南下灭后晋，改国号大辽。 公元951年，后周建立，灭后汉。	公元10世纪，朝鲜半岛进入后三国时代。	公元920年，法兰克改名德意志。公元925年，斯拉夫人建立克罗地亚。		
北宋 （公元960~1127年）	公元960年，后周赵匡胤陈桥兵变，北宋建立。 公元975年，北宋灭南唐。 公元1004年，宋、辽"澶渊之盟"。 公元1023年，北宋发行世界上最早的纸币"交子"。 公元1038年，元昊建立西夏。 公元1041~1048年，毕升发明活字印刷术。 公元1069年，王安石开始变法。 公元1084年，《资治通鉴》成书。 公元1115年，阿骨打建立金。 公元1125年，金灭辽。 公元1127年，金灭北宋，南宋开始。	11世纪初，塞尔柱突厥人从中亚细亚南下，在阿拨斯哈里发帝国内部建立多个割据政权。	公元960年，波兰国家建立。 公元962年，神圣罗马帝国建立。 公元1054年，基督教会分裂。 公元1066年，法国诺曼底公爵征服英国。 公元1108~1137年，法王路易十六在位，城市兴起。 公元1115年，佛罗伦萨共和国建立。	11世纪中叶，加纳王国全盛时期。